Konstruktion problembasierter Lernumgebungen im Spannungsverhältnis informationstechnischer und pädagogischer Rationalität

Europäische Hochschulschriften

Publications Universitaires Européennes

European University Studies

Reihe XI

Pädagogik

Série XI Series XI

Pédagogie

Education

Bd./Vol. 940

PETER LANG

Frankfurt am Main · Berlin · Bern · Bruxelles · New York · Oxford · Wien

Karin Wirth

Konstruktion problembasierter Lernumgebungen im Spannungsverhältnis informationstechnischer und pädagogischer Rationalität

PETER LANG
Europäischer Verlag der Wissenschaften

Bibliografische Information Der Deutschen Bibliothek
Die Deutsche Bibliothek verzeichnet diese Publikation in der Deutschen Nationalbibliografie; detaillierte bibliografische Daten sind im Internet über <http://dnb.ddb.de> abrufbar.

Zugl.: Leipzig, Univ., Diss., 2005

15
ISSN 0531-7398
ISBN 3-631-55243-2

www.peterlang.de

Geleitwort

Die Konstruktion computer- und netzbasierter Lernumgebungen nimmt einen breiten Raum in der internationalen wissenschaftlichen Diskussion um das Lehren und Lernen mit neuen Medien ein und stellt zudem ein konfliktträchtiges Praxisfeld dar. Dabei geht es vor allem um das Spannungsverhältnis von Technik, (Medien)Pädagogik und Fachwissenschaft, wobei viele Lösungsansätze über verbale Bekenntnisse zur interdisziplinären Zusammenarbeit oder über theoretische Konzeptionen dafür kaum hinauskommen.

Frau Wirth hat dagegen in ihrer Arbeit erfolgreich den Versuch unternommen, die erforderliche Interdisziplinarität sowohl in der Zielstellung und Konzeption von Forschungs- und Entwicklungsprojekten zum computer- und netzbasierten Lehren und Lernen grundständig zu verankern als auch die Konstruktionsarbeiten in einem interdisziplinären Team zu realisieren. Als Praxisfeld dient dabei das Projekt „Interdisziplinäres Multimediales Programm für Universitäre Lehre und Selbstorganisiertes Lernen zum Thema Electronic Commerce/Electronic Business" (IMPULS), das vom Bundesministerium für Bildung und Forschung im Rahmen der Initiative „Neue Medien in der Bildung" gefördert worden ist.

Im Mittelpunkt der Arbeit stehen konstruktivistisch geprägte Auffassungen zur problembasierten Gestaltung von Lernen und von Lernumgebungen, wobei sowohl wirtschaftspädagogische als auch informationstechnische Grundlagen, Gestaltungsaspekte, Methoden und Vorgehensweisen in den Blick genommen und in einem ganzheitlichen Konstruktionsprozess bzw. einem Modell dafür integriert werden. Das geschieht nicht zuletzt im Hinblick auf die Nutzung moderner technischer Architekturen und fortgeschrittener Metasprachen (XML) zur Beschreibung und Strukturierung von Dokumenten und Lernobjekten.

Hervorzuheben sind zudem die Aufarbeitung und Nutzung der Erkenntnisse aus der Dramaturgie. Die narrative Ausgestaltung von computer- und netzbasierten Lernangeboten wird zwar in der Literatur empfohlen und in der Praxis in beträchtlichem Umfang realisiert, im Hinblick auf die dramaturgische Gestaltung geschieht das aber bisher vielfach auf eher intuitiver Grundlage. Wissenschaftlich fundierte Ansätze und systematische Vorgehensweisen, die auch pädagogische und technische Erfordernisse und Zielsetzungen integrativ berücksichtigen, fehlen weitgehend. Die vorliegende Arbeit trägt auch auf diesem Gebiet sichtbar zu einem Erkenntnisforschritt bei und stellt zugleich in der Praxis erprobte Instrumente für künftige Konstruktionen bereit.

Leipzig, Dezember 2005 *Fritz Klauser*

Inhaltsverzeichnis

Abbildungsverzeichnis

Abkürzungsverzeichnis

ADL	Advanced Distributed Learning Initiative
AO	Advance Organizer (als DTD-Element)
CMS	Content Management System
DTD	Dokument Type Definition
EC	E-Commerce bzw. Electronic Commerce
GML	Generic Markup Language
HTML	Hyper Text Markup Language
IMPULS^{EC}	Interdisziplinäres multimediales Programm für universitäre Lehre und selbstorganisiertes Lernen: Electronic Commerce
IEEE	Institute of Electrical and Electronics Engineers
ISO	International Standardization Organization
kPrSt	Komplexe Problemstellung (als DTD-Element)
LCMS	Learning Content Management System
LEK	Lernerfolgskontrolle (als DTD-Element)
LMS	Learning Management System
LOM	Learning Object Metadata
LO	Lernobjekt (als DTD-Element)
LZ	Lernziel (als DTD-Element)
MO	Medienobjekt (als DTD-Element)
PBL	Problem-Based Learning
SCORM	Sharable Courseware Object Reference Model
SGML	Standard Generic Markup Language
SMIL	Synchronized Multimedia Integration Language
SUE	Selbstüberprüfung (als DTD-Element)
SVG	Scalable Vector Graphic
SYS	Systematisierung (als DTD-Element)
W3C	World Wide Web Consortium
XML	eXtensible Markup Language
Xpointer	XML Pointer Language
XSL	XML Stylesheet Language

Legende zu den Abbildungen 9 – 13 und 21 (vgl. ausführlich 3.3.3) sowie zu den Anhängen:

Element

ohne Zeichen	=	das betreffende Element wird einmal eingesetzt
?	=	das betreffende Element kann einmal fakultativ eingesetzt werden
*	=	das folgende Element kann mehrfach, muss aber mindestens einmal verwendet werden
+	=	das folgende Element kann mehrfach fakultativ verwendet werden
	=	die Elemente bilden eine Sequenz
	=	die Elemente gelten als Alternative

1 Einleitung

1.1 Handlungsbedarf

Die Konstruktion computergestützter Lernumgebungen ist ein traditionsreiches Feld für Forschung und Entwicklung in unterschiedlichen wissenschaftlichen Disziplinen[1]. Gegenwärtig werden Ansätze und Aktivitäten zur Konstruktion, Implementation und Evaluation computergestützter Lernumgebungen vor allem unter dem Begriff Electronic Learning (E-Learning)[2] diskutiert, und zwar insbesondere in der informationstechnischen, personalwirtschaftlichen und (wirtschafts-)pädagogischen Literatur[3]. Aus pädagogischer Sicht werden vor allem die vielfältigen Verwendungsmöglichkeiten der neuen Medien (insbesondere von Computern, Datennetzen und Lernsoftware) für die Lehr-Lernprozessgestaltung akzentuiert[4].

Der Einsatz von Computern und Datennetzen in Lehr-Lernprozessen und die damit verbundene Multimedialität sind allerdings kein Garant für curricular und didaktisch-methodisch effektiv ausgestaltete Lernumgebungen. Häufig weisen multi-

---

[1] Vgl. dazu bezogen auf das Instruktionsdesign insbesondere Reigeluth (1983; 1999) und Schank (1998). Aus psychologischer Perspektive vgl. Mandl, Reinmann-Rothmeier und Prenzel (1994). Vgl. für die Pädagogik stellvertretend Niegemann (2001), Niegemann, Hessel, Hochscheid-Mauel, Aslanski, Deimann und Kreuzberg (2004), Kerres (2001), Schulmeister (2001; 2002) sowie die pädagogischen, technischen und psychologischen Beiträge in Glowalla und Schoop (1992), Schoop, Witt und Glowalla (1995) und Issing und Klimsa (2002a).

[2] Mit E-Learning wird das Lehren und Lernen mit Computern und über Datennetze bezeichnet. In der Literatur findet sich auch die Schreibweise eLearning oder e-Learning. In den letzen Jahren wird der Begriff vielfach inflationär gebraucht und ist zum Modewort und Marketingslogan degeneriert (vgl. Breuer & Wilbers, 2001; Dichanz & Ernst, 2001; Häfele, Häfele, & Baumgartner, 2002; Hohenstein & Wilbers, 2002).

[3] Vgl. die verschiedenen Beiträge im Handbuch E-Learning (Hohenstein & Wilbers, 2002).

[4] Es sind vor allem folgende Erwartungen, die an diese Medien geknüpft werden (vgl. u. a. Issing & Klimsa, 2002b, S. 1ff.; Mandl, Gruber & Renkl, 2002, S. 146ff.; Klimsa, 2002, S. 15ff.; Staiger, 2004, S. 27ff.):

- Die neuen Medien sollen neue synchrone und asynchrone Interaktions- und Kommunikationsformen fördern.
- Als kognitive Werkzeuge sollen neue Medien die Bildung mentaler Modelle wirksam unterstützen.
- Computer und Datennetze können zur Veranschaulichung komplexer Prozesse sowie für die Präsentation von Algorithmen und Abläufen genutzt werden.
- Neue Medien können durch Vernetzung und Verlinkung nicht-lineare Lernpfade bereitstellen.

mediale Lernumgebungen die Defizite traditionell gestalteter Lernangebote auf (Tergan, 2001, S. 31; Breuer & Wilbers, 2001, S. 74f.; Issing & Klimsa, 2002b, S. 2)[5].

Um die Akzeptanz für das Lehren und Lernen mit neuen Medien bei Lehrenden, Lernenden und Bildungsinstitutionen auf breiter Basis zu erhöhen und um Lehr- und Lernprozesse mit Computern, Datennetzen und Lernsoftware pädagogisch wirkungsvoll und motivationsfördernd zu gestalten, sind integrative Konzepte notwendig, die einerseits innovative pädagogische Ansätze informationstechnisch umsetzen und andererseits fortgeschrittene informationstechnische Möglichkeiten pädagogisch sinnvoll nutzen. Die aktuelle Situation bei der Konstruktion von Lernumgebungen sowie deren Einsatz in Aus und Weiterbildung weisen diesbezüglich deutliche Defizite in den bestehenden Grundannahmen, der jeweiligen Vorgehensweise sowie den entwickelten Ergebnissen aus. Defizite in den **paradigmatischen Grundannahmen** lassen sich folgendermaßen charakterisieren:

- Übertragbarkeit informationstechnischer Paradigmen auf Lehr-Lernprozesse. Die Entwicklung von Lernumgebungen wird aus informationstechnischer Sicht vielfach als Softwareentwicklung betrachtet (vgl. Balzert, 2000). Grundlegendes Paradigma der Softwareentwicklung ist die maschinelle Verwaltbarkeit von Daten[6] unter der Voraussetzung, dass eine vollständige Abbildung aller relevanter Informationen[7] entweder in den maschinell verwalteten Daten selbst oder über so genannte Metadaten[8] möglich ist. Ziel ist es, häufig wiederkehrende Verarbeitungsprozesse des Computers zu automatisieren. Die Übertragbarkeit solcher informationstechnischer Annahmen auf die Konstruktion von Lernumgebungen wird allerdings kaum diskutiert.

- Funktion computergestützter Medien im Lehr-Lernprozess. Aus pädagogischer Perspektive wird die Konstruktion von Lernumgebungen als Teilprozess der Lehr-Lernprozessgestaltung betrachtet, die neben der Konstruktion auch die

[5] Die am meisten verbreiteten Defizite können schlagwortartig folgendermaßen zusammengefasst werden: Lehrkraftzentrierung, Atomisierung und Linearisierung der Inhalte entlang fachwissenschaftlicher Strukturen, Praxisferne, Technikzentriertheit sowie eine mangelnde instruktionale Unterstützung der Lernenden (vgl. Jungmann, Wirth, Klauser & Schoop, 2002, S. 5f.).

[6] Daten stellen in der Informationstechnik eine Menge von Zeichen dar, die durch syntaktische Regeln in Beziehung gesetzt werden. Die Zeichenmenge wird in Datenform gespeichert (Krcmar, 2000, S. 10ff.; Probst, Raub & Romhardt, 2003, S. 36).

[7] Unter Informationen werden aus informationstechnischer Perspektive Daten verstanden, die um Semantik, d. h. einen Kontextbezug, angereichert wurden und damit für Empfänger bzw. Rezipienten interpretierbar werden. Das Informationsmanagement betrachtet Informationen als immaterielle Güter, die Modellcharakter besitzen (Krcmar, 2000, S. 10ff.; Probst et al., 2003, S. 36).

[8] Bei Metadaten handelt es sich um „Daten über Daten“ (Marugg, 2001, Abschnitt „Begriffsdefinitionen“). Nach Marugg beschreibt die ISO-Definition 11179, Abschnitt 2 Metadaten als „information and documentation which makes data sets understandable and sharable for users”.

Implementation[9] und die Evaluation[10] umfasst. Ziel ist es, Lernprozesse pädagogisch intendiert zu initiieren und zu unterstützen sowie begleitend und abschließend zu kontrollieren. Computergestützte Lernumgebungen gelten bei der Lehr-Lernprozessgestaltung als Medien[11] innerhalb einer konkreten Lernsituation, die einzeln oder ergänzend zu anderen Medien eingesetzt werden können. Inwieweit computergestützte Lernumgebungen in ihrer Funktion als Medien pädagogisches Handeln innerhalb der Lernsituation bestimmen und strukturieren, wird vielfach nicht thematisiert.

- Lernumgebungen ohne Berücksichtigung der Lehr-Lernprozessgestaltung. Sowohl in der Informationstechnik als auch in der Pädagogik gibt es die Tendenz, Lernumgebungen zwar zu konstruieren, aber die Gestaltung der Lehr-Lernprozesse, die damit unterstützt werden sollen, nicht oder nur in ungenügendem Maße zu thematisieren. Diese Herangehensweise führt dazu, dass auf dem Markt Lernumgebungen angeboten werden, die für den pädagogischen Einsatz weder erprobt noch ausreichend evaluiert wurden.
- Pädagogische Implikationen bei der Ausgestaltung informationstechnischer Systeme. Computergestützte Lernumgebungen werden durch die zugrunde liegende Architektur sowie die verwendeten Systeme und Tools vorstrukturiert, müssen aber gleichzeitig pädagogisch so aufbereitet werden, dass sie intendierte Lernprozesse initiieren, unterstützen, begleiten und kontrollieren können. Sowohl Informationstechniker als auch Pädagogen beziehen die pädagogischen Implikationen der getroffenen informationstechnischen Entscheidungen jedoch nicht rechtzeitig und ausreichend in ihre Vorbereitungen, Planungen und Konstruktionen bzw. in die Lehr-Lernprozessgestaltung ein.

Defizite in der **Vorgehensweise** zur Entwicklung computergestützter Lernumgebungen lassen sich vor allem in folgenden Bereichen beobachten:

- Zeitliche Diskrepanz bei der Mediengestaltung. Pädagogen thematisieren die Rolle der Medien bei der Konstruktion von Lernumgebungen oft erst im Zusammenhang mit der didaktisch-methodischen Ausgestaltung der Inhalte oder

---

[9] Implementation bezeichnet in einer pädagogischen Herangehensweise die Einführung neuer Lehr-Lernansätze in der Praxis (vgl. Reinmann-Rothmeier & Mandl, 1998, S. 292ff.; für eine Diskussion des pädagogischen Implementationsbegriffs vgl. Kremer, 2003, S. 7ff). Aus curriculumtheoretischer Sicht bezeichnet Implementation das Wirksammachen der Curriculumelemente im Schulalltag (Lütgert & Stephan, 1983, S. 501). Aus informationstechnischer Perspektive wird unter Implementierung bzw. Implementation diejenige Phase verstanden, in der „die geforderten Leistungen in Form eines oder mehrerer Programme" realisiert werden (Balzert, 2000, S. 1064).

[10] Evaluation bezeichnet die systematische und zielgerichtete Sammlung, Analyse und Auswertung von Daten zur Qualitätssicherung (Kim & Klauser, 2004b, S. 2).

[11] Mit Medien werden Geräte bezeichnet, mit denen „in pädagogischen Situationen instruktionale Inhalte vermittelt werden" (Weidenmann, 1996, S. 319).

bei Vorbereitung und Planung der Lehr-Lernprozesse. Informationstechniker fällen Entscheidungen über Architektur und zugrunde liegende Systeme bereits zu Beginn des Konstruktionsprozesses. Diese informationstechnischen Entscheidungen sind anschließend nicht bzw. nur noch eingeschränkt revidier- und veränderbar. So kommt es zu einer zeitlichen Diskrepanz bei Entscheidungen über Auswahl und Ausgestaltung der benötigten Medien.

- Gegenseitiges Zuweisen von Aufgaben. Informationstechniker weisen Pädagogen allzu oft lediglich Entscheidungen über Design und Inhaltsauswahl zu. Darüber hinaus sehen Informationstechniker in Pädagogen die Auftraggeber für das Erstellen von Produkten. In dieser zugewiesenen Rolle ist es Aufgabe der Pädagogen, eine Sammlung von Anforderungen und Kriterien zu formulieren, die anschließend von Informationstechnikern in eine Lernumgebung umgesetzt werden (vgl. Balzert, 2000, S. 101f.). Pädagogen hingegen betrachten Informationstechniker häufig als Geräte- und Softwarelieferanten, die lediglich bei technischen Fragen herangezogen werden. Das gegenseitige Zuweisen von Aufgaben und Rollen führt in der Praxis dazu, dass weder Informationstechniker noch Pädagogen ein Verständnis der jeweils anderen Disziplin entwickeln und in der Folge Entscheidungen, Aufgaben und Schwierigkeiten zunächst disziplinär zu bearbeiten suchen.

- Arbeitsteiliges Vorgehen. Die Konstruktion von Lernumgebungen wird durch ein stark arbeitsteiliges und spezialisiertes Vorgehen bestimmt[12]. Die Arbeitsteilung findet sowohl auf einer horizontalen als auch auf einer vertikalen Dimension statt. Horizontal können Programmierer, Administratoren, Redakteure, Lektoren, Autoren und Tutoren und weitere Akteure unterschieden werden. Als Beispiel für ein vertikal arbeitsteiliges Vorgehen kann die Inhaltserstellung betrachtet werden: Oft arbeiten verschiedene Autoren an der Konzeption und Produktion ihrer jeweiligen Lerninhalte. Bei der Erstellung der multimedialen Bestandteile einer Lernumgebung sind Designer, Grafiker und Filmteams ebenso beteiligt wie Sachbearbeiter, die Texte in den Computer eingeben, formatieren und editieren. Für ein arbeitsteiliges Vorgehen müssen Aufgaben getrennt werden, die in der bisherigen pädagogischen Praxis nur zusammen bearbeitet wurden. Gleichzeitig sind getrennt voneinander erstellte Bestandteile einer computergestützten Lernumgebung so auszugestalten, dass sie für die Lernenden ein einheitliches Bild ergeben. Dieses Vorgehen benötigt im jeweiligen Bereich stark spezialisiertes Personal mit einem hohen Maß an didaktischer Expertise.

- Interdisziplinäre Koordinationsaufgaben. Die arbeitsteilig gestalteten Dateien mit Abbildungen, Animationen, Videosequenzen oder Texten werden pädagogisch und informationstechnisch strukturiert und sequenziert sowie in unter-

---

[12] Vgl. aus mediendidaktischer Perspektive Kerres (2001), aus unternehmensspezifischer Sicht vgl. Bruns und Gajewski (2002). Eine umfassende Sammlung von Beispielen aus der Praxis findet sich bei Hohenstein und Wilbers (2002).

schiedlichen Dateiformaten gespeichert. Im arbeitsteiligen Vorgehen bei der Konstruktion von Lernumgebungen fallen übergeordnete Planungs-, Vermittlungs- und Koordinationsaufgaben sowie Aufgaben der Redaktion und Qualitätskontrolle an, die sowohl technische als auch pädagogische Expertise und Zielvorstellungen voraussetzen. Insbesondere bei diesen Aufgaben besteht intensiver Abstimmungsbedarf zwischen Informationstechnikern und Pädagogen.

- Informationstechnisches Vorgehen in Phasen. Bei einem idealtypischen Vorgehen wird in der Informationstechnik in verschiedene Vorgehens- bzw. Entwicklungsphasen getrennt. In der Folge existieren in der Softwareentwicklung eine Reihe präskriptiver Vorgehensmodelle[13]. So unterscheiden Informationstechniker bei der Konstruktion von Lernumgebungen zunächst die Phase der Erstellung des Systems bzw. der Architektur sowie der zugehörigen Editoren oder Autorentools[14]. Anschließend folgt eine Phase, in der die Inhalte von Autoren produziert werden. In einer dritten Phase werden die produzierten Inhalte über ein technisches Medium (Browser, Lernplattform etc.) den Lernenden zugänglich gemacht. Aus pädagogischer Perspektive ist die Konstruktion von Lernumgebungen ein Prozess interdependenter Handlungen und Entscheidungen über die Strukturmomente des Unterrichts[15], wobei diese Strukturmomente in einer wechselseitigen Abhängigkeit bzw. einem Implikationszusammenhang stehen (vgl. Jank & Meyer, 1994, S. 197). Bei einem phasengebundenen Vorgehen stehen Pädagogen vor der Schwierigkeit, einzelne Arbeitsschritte den jeweiligen Phasen zuzuordnen, Entscheidungen bei der Konstruktion von Lernumgebungen innerhalb der jeweiligen Phasen zu treffen und in den nachfolgenden Phasen an die einmal getroffenen Entscheidungen gebunden zu sein.

---

[13] Vgl. allgemein zu Vorgehensmodellen in der Informatik Balzert (1992; 1998, S. 97ff.) sowie als informationstechnisches Vorgehensmodell für die Entwicklung von Lerninhalten zum Beispiel Klein und Stucky (2001). Vgl. für die drei im Folgenden dargestellten Phasen Jungmann, Wirth, Klauser und Schoop (2002, S. 18f.).

[14] Autorentools sind Softwareprogramme, mit denen sich Lerninhalte und Lernumgebungen erstellen, sequenzieren und bearbeiten lassen. Autorentools werden in der Literatur auch unter dem Stichwort Courseware bzw. Teachware diskutiert (vgl. Schulmeister, 2002, S. 97 und 107f.; Freibichler, 2002; Kerkau, 2002).

[15] Nach Schulz (1979, S. 23ff.) konstituieren sechs Strukturmomente den Unterricht:

- pädagogische Intentionen,
- Themen bzw. Inhalte des Unterrichts,
- Methoden, mit denen die Inhalte aufbereitet werden,
- eingesetzte Medien sowie
- anthropogene und
- sozial-kulturelle Voraussetzungen.

Als **Ergebnis** der beschriebenen paradigmatischen Annahmen und Vorgehensweisen entstehen Lernumgebungen, die aus pädagogischer Perspektive insbesondere folgende Mängel aufweisen:

- Linearisierte und atomisierte Inhalte. Die Erstellung mulimedialer Bestandteile einer Lernumgebung ist ein aufwendiger Prozess, der mit erheblichen Kosten verbunden ist[16]. Aus diesem Grund wird die Wiederverwendbarkeit einmal erstellter Lerninhalte in unterschiedlichen Lernumgebungen zu einer zentralen Forderung an Informationstechniker und Pädagogen. Grundlage für eine Wiederverwendung von Lerninhalten ist deren modulare Struktur[17]. Auf dem Markt existieren Autorentools und Hypermedia-Anwendungen[18], die die potenzielle technische Austauschbarkeit der Elemente sowie die Kombination mit weiteren Curriculumelementen ermöglichen. Mit diesen technischen Lösungen können Autoren Inhalte modular erstellen, kombinieren und zu einer Lernumgebung zusammenfügen. Obwohl solche Softwarelösungen die pädagogische Verantwortung scheinbar den jeweiligen Fachautoren überlassen, prägen die informationstechnisch vorgegebene Auswahl an Elementen und Beziehungen zwischen den Elementen, d. h. die vorgegebene Struktur die jeweils vom Autor erstellte Lernumgebung entscheidend mit. Oft entstehen auf diese Weise hochgradig strukturierte Lernumgebungen mit linearisierten und atomisierten Inhalten, deren pädagogischer Wert angezweifelt werden kann.
- Kontextbezug bei modularer Struktur. Zentrale informationstechnische Fragestellungen bei der Konstruktion modular strukturierter Lernumgebungen bestehen darin, die optimale Größe (Granularität) von Modulen zu finden sowie deren Sequenzierung und Vernetzung über Metadaten abzubilden. Insbesondere erweist es sich als problematisch, den Kontextbezug in modular aufbereiteten Lerninhalten[19] informationstechnisch zu berücksichtigen. So wird von Informationstechnikern oft die Forderung erhoben, der Inhalt sei möglichst kontextfrei abzubilden, während aus pädagogischer Perspektive gerade der Kontextbezug beim Erwerb zur Anwendbarkeit des erworbenen Wissens beiträgt.
- Dramaturgische Umsetzung narrativer Sequenzen. Komplexe Problemstellungen in computergestützten Lernumgebungen können narrativ und videobasiert aufbereitet werden. Diese Art der Aufbereitung soll den Lernenden ermögli-

[16] Vgl. Seibt (2001). Für Lerninhalte im Umfang von einer Stunde müssen je nach medialer Umsetzung zwischen 2.000 und 20.000 Euro veranschlagt werden (vgl. Häfele, Häfele, & Baumgartner, 2002).

[17] Ein Modul ist ein Ganzes, das als Teil in eine größere Gesamtheit eingebettet wird (Sloane, 1997, S. 225f.).

[18] Unter Hypermedia wird in der Literatur die nichtlineare Repräsentation multimedialer Elemente zusammengefasst (Nielsen, 1996, S. 1; Tergan, 2002, S. 99).

[19] In diesem Zusammenhang wird auch von Lernobjekten (learning objects) gesprochen (vgl. Widmer, 1998; Friesen, 2001; Seeberg, 2003; Stumpp, 2003; Wiley, 2003).

chen, die dargestellten Probleme und Situationen in ihrer Erfahrungswelt zu verankern. In der pädagogischen Literatur finden sich allerdings für Autoren kaum Hilfestellungen und Konzepte zur narrativen Ausgestaltung. Auch die technische Einbettung narrativer Sequenzen in computergestützte Lernumgebungen sowie deren pädagogische Implikationen werden in der Pädagogik nicht bzw. nicht ausreichend thematisiert.

- Verknüpfung von Lern- und Anwendungssituation. Lernumgebungen sind aus pädagogischer Perspektive so zu konstruieren, dass sie den intendierten Lernprozess in spezifischen Lernsituationen initiieren, begleiten, unterstützen und kontrollieren. Als curricularer und didaktisch-methodischer Ausgangs- und Bezugspunkt dafür haben sich komplexe Problemstellungen bewährt[20]. Komplexen Problemstellungen liegen Situationen zugrunde, in denen das zu lernende Wissen angewendet werden muss (Anwendungssituationen). Lernende werden in Lernsituationen durch komplexe Problemstellungen mit Anwendungssituationen konfrontiert und erarbeiten ihr Wissen im Prozess des Problemlösens. Lern- und Anwendungssituationen müssen in einer computergestützten Lernumgebung pädagogisch wirkungsvoll miteinander verknüpft werden, damit die Lernenden das erworbene Wissen abstrahieren und dekontextualisieren sowie in anderen Situationen anwenden bzw. rekontextualisieren können. Die Verknüpfung von Lern- und Anwendungssituation sowie technische Möglichkeiten zur Realisierung in computergestützten Lernumgebungen werden in der pädagogischen Literatur zurzeit nicht bzw. nicht ausreichend thematisiert.

Insgesamt ist festzustellen, dass es bei der Konstruktion computergestützter Lernumgebungen vielfach zu einem Spannungsverhältnis zwischen technisch Machbarem und pädagogisch Sinnvollem kommt. Dieses Spannungsverhältnis manifestiert sich sowohl in unterschiedlichen Zielsetzungen und Vorgehensweisen als auch in unterschiedlichen Entwicklungsmethodiken und -instrumenten. Als Folge existieren eine Vielzahl Einzellösungen, die „im Extremfall zwar technisch ausgereift, aber pädagogisch wenig sinnvoll sind oder umgekehrt" (Klauser, Schoop, Gersdorf, Jungmann & Wirth, 2002, S. 2). Bei der Konstruktion computergestützter Lernumgebungen fehlt vielfach eine pädagogische und fachbezogene Auseinandersetzung mit den curricularen und didaktisch-methodischen Komponenten und Gestaltungsmöglichkeiten einer Lernumgebung ebenso wie eine pädagogisch akzentuierte Reflexion über den Prozess der Konstruktion.

Um den Konstruktionsprozess effektiv auszugestalten, ist eine pädagogisch akzentuierte Auseinandersetzung mit neuen informationstechnischen Ansätzen notwen-

---

[20] Vgl. Klauser (1998d; 1998c; 2002), Kohler (1998), Mandl, Gruber und Renkl (2002) sowie Schnurer, Stark und Mandl (2003).

dig, da sich mit so genannten standardisierten Lösungen[21] für Autoren explizit und verbindlich pädagogisch geprägte Strukturen vorgeben und informationstechnisch implementieren lassen. Hierin besteht ein hohes innovatives Potenzial, das für pädagogische Ziele genutzt werden kann. Es fehlen allerdings Konzepte, die pädagogische und informationstechnische Innovationen bereits im Ansatz **integrativ** miteinander verbinden und deren Ergebnisse bzw. Lernumgebungen von beiden Seiten akzeptiert, eingesetzt, evaluiert und weiterentwickelt werden.

1.2 Zielstellung

Die vorliegende Arbeit zielt darauf ab, einen Beitrag zur Integration pädagogisch und informationstechnisch innovativer Konzepte bei der Konstruktion von Lernumgebungen zu leisten. Als Referenzrahmen dient das Projekt IMPULS^{EC}[22]. Im Rahmen des Projekts wurde am Lehrstuhl für Berufs- und Wirtschaftspädagogik der Universität Leipzig in Zusammenarbeit mit dem Lehrstuhl für Wirtschaftsinformatik, insbesondere Informationsmanagement der Technischen Universität Dresden sowie mit den Fachautoren der Universitäten Osnabrück, Würzburg, Karlsruhe und Potsdam eine problembasierte Struktur für Lernumgebungen entwickelt[23]. Bei

[21] Über Standards wird der Datenaustausch zwischen Anwendungen vereinfacht (vgl. Balzert, 2000, S. 991). Standards können auf Projekt- oder Unternehmensebene aufgestellt werden. In der Informationstechnik existieren Organisationen, die Standardisierungsbestrebungen koordinieren und intensivieren (vgl. Balzert, 1998, S. 221f.; vgl. auch Jungmann, 2003).

[22] Das Projekt IMPULS^{EC} (Interdisziplinäres multimediales Programm für universitäre Lehre und selbstorganisiertes Lernen: Electronic Commerce) wurde im Rahmen des Programms „Neue Medien in der Bildung" im Zeitraum von 2001 bis 2004 durch das Bundesministerium für Bildung und Forschung gefördert.

[23] An dem Projekt sind sechs Lehrstühle beteiligt. Vorrangiges Ziel des Projekts sind die Entwicklung, der Einsatz und die Evaluation eines netzbasierten, multimedial umgesetzten Lehrgangs zum Thema *Electronic Commerce*.
Im Projekt IMPULS^{EC} wurde ein interdisziplinärer Lehrgang zum Thema *Electronic Commerce* mit zehn Kursen und einer Guided Tour entwickelt, in die universitäre Lehre der beteiligten Universitäten implementiert und der Einsatz evaluiert. Die Kurse stellen unterschiedliche Aspekte des Themas aus den Perspektiven der Betriebswirtschaft, der Wirtschaftsinformatik und der Wirtschaftspädagogik dar. Vgl. zur Konzeption des Projekts Bogaschewsky, Hoppe, Klauser, Schoop und Weinhardt (2002), für die Darstellung der informationstechnischen Architektur Gersdorf und Schoop (2003), zur Konzeption und Entwicklung didaktisch akzentuierter DTD-Strukturen vgl. Gersdorf, Jungmann, Schoop, Wirth und Klauser (2002), Jungmann, Wirth, Klauser und Schoop (2002; 2003), Jungmann, Petzoldt, Wirth, Klauser und Schoop (2004a; 2004b), Jungmann, Wirth, Petzoldt, Klauser und Schoop (2004b), Klauser, Schoop, Gersdorf, Jungmann und Wirth (2002), Klauser, Schoop, Gersdorf, Jungmann und Wirth (2004) und Klauser, Schoop, Wirth, Jungmann und Gersdorf (2004) sowie für die narrative Ausgestaltung komplexer Problemstellungen Wirth und Klauser (2004). Zur Evaluation vgl. Kim und Klauser (2004a; 2004b) sowie Klauser und Kim (2004).

der Konstruktion dieser Struktur wurden innovative Ansätze beider Disziplinen integriert, um pädagogische und psychologische Erkenntnisse zum Lehren und Lernen informationstechnisch in der Lernumgebung zu vergegenständlichen sowie für Fachautoren unterschiedlicher Domänen zugänglich zu machen.

Die Integration pädagogischer und informationstechnischer Ansätze manifestiert sich darin, pädagogische und informationstechnische Leitideen miteinander zu verschränken sowie in der konzeptionellen und praktischen Arbeit aufeinander zu beziehen und abzustimmen.

Die pädagogische Leitidee im Projekt IMPULS^{EC} besteht darin, die **Problembasierte Gestaltung von Lernumgebungen als Strukturierungsprinzip** bei der Konstruktion der gesamten Lernumgebung sowie einzelner Lernsequenzen zu nutzen und in Autorentools technisch zu verankern. Das Ziel besteht darin, Fachautoren und Lehrkräfte bei ihrer Arbeit pädagogisch wirkungsvoll zu unterstützen. Bei der Gestaltung problembasierter Lernumgebungen geht es vor allem darum,

- komplexe Problemstellungen in problembasierten Lernumgebungen als curriculare und didaktisch-methodische Ausgangs- und Bezugspunkte für generatives Problemlösen zu betrachten und in Lehr-Lernprozessen einzusetzen sowie
- die komplexen Problemstellungen narrativ aufzubereiten und als Videosequenzen bzw. Animationen in die Lernumgebung zu implementieren.

Die informationstechnische Leitidee des Projekts zielt auf die Entwicklung und den Einsatz eines **zentralen Redaktionsleitsystems**, mit dem Autoren dezentral Lernsequenzen erstellen, verwalten, ändern und wieder verwenden können. Informationstechnische Grundlage ist eine Content Management[24] Architektur (Gersdorf, 2003; Gersdorf & Schoop, 2003). Basis des Content Management Systems ist XML[25] als informationstechnisches Format. Mit Einsatz eines Redaktionsleitsystems auf XML-Basis kann die entwickelte Lernumgebung in anderen Projekten für unterschiedliche Domänen genutzt werden. Grundlage für die über ein spezifisches Projekt hinausgehende Nutzung ist eine **unter pädagogischer Maßgabe entwickelte informationstechnische Struktur der Lernumgebung** mit folgenden Merkmalen:

- Innerhalb der entwickelten Struktur sind die Lernsequenzen modular aufzubauen, um einerseits Autoren die Aktualisierung der Inhalte zu erleichtern und andererseits Lernenden multiple Perspektiven auf einen interdisziplinär aufbereiteten Lerngegenstand zu bieten.

---

[24] Ein Content Management System (CMS) verwaltet, präsentiert, verarbeitet und publiziert zu Lernmaterial aufbereitete Inhalte, die so genannten Contents (vgl. Rothfuss & Ried, 2001, S. 52).

[25] XML ist das Akronym für eXtensible Markup Language. Das XML-Konzept wird in Kapitel 3.3 diskutiert.

- Curriculare und didaktisch-methodische Strukturen werden in einer informationstechnischen Vorlage, einer so genannten Dokument Typ Definition (DTD) festgelegt.

Zur interdisziplinären Entwicklung und Konstruktion modular strukturierter Lernumgebungen wurden einzelne Lernsequenzen bzw. Module ermittelt, die aus didaktisch-methodischen Komponenten bestehen (**Mikrosequenzierung**) und jeweils zu größeren Sequenzen zusammengesetzt werden können (**Makrosequenzierung**). Makro- und Mikrosequenzierung orientieren sich am intendierten Lernprozess, der als metakognitiv reflektierter Problemlöseprozess (generatives Problemlösen) verstanden wird. Im Einzelnen bedeutet das für die Konstruktion von Lernumgebungen, dass Inhalte problembasiert in **Anwendungssituationen** aufbereitet werden, die Sequenzierung der Lernumgebungen jedoch am intendierten Lernprozess, d. h. an **Lernsituationen** orientiert ist und Lern- und Anwendungssituationen dramaturgisch miteinander verknüpft werden.

Werden diese handlungsleitenden Ziele in der interdisziplinären Arbeit konkretisiert, so wird deutlich, dass eine pädagogisch akzentuierte, informationstechnisch umgesetzte Struktur für problembasierte Lernumgebungen benötigt wird. Ergebnis der interdisziplinären Arbeit ist das **pädagogisch akzentuierte Strukturmodell generativen Problemlösens,** das im Projekt IMPULS^{EC} in einer DTD (**PBL-DTD**[26]) informationstechnisch umgesetzt wurde und durch folgende Merkmale gekennzeichnet ist:

- Die pädagogische Struktur besteht aus modularen Lernsequenzen, die jeweils didaktisch-methodisch modelliert werden. Autoren können Sequenzen nur zusammenstellen (aggregieren), indem sie die entstehende Makrosequenz wiederum didaktisch modellieren.
- Die pädagogische Struktur orientiert sich in der Mikro- und Makrosequenzierung der Elemente am intendierten Lernprozess und stellt komplexe Problemstellungen als didaktisch-methodische Ausgangs- und Bezugspunkte für Lehr-Lernprozesse bereit.
- Im Element *Komplexe Problemstellung* sowie deren narrativer Ausgestaltung werden Lern- und Anwendungssituationen dramaturgisch miteinander verknüpft.

[26] PBL-DTD ist das Akronym für Problem-Based Learning Dokument Typ Definition, einer im Projekt entwickelten Struktur auf Basis des Problem-Based Learning Ansatzes.

Im Folgenden wird das integrative Konzept zur Konstruktion problembasierter Lernumgebungen aus pädagogischer Sicht vorgestellt[27]. Der Fokus der vorliegenden Arbeit liegt darauf darzustellen, wie mit dem im Projekt IMPULS^{EC} entwickelten Strukturmodell generativen Problemlösens

- die Lernumgebung informationstechnisch so strukturiert werden kann, dass Autoren Lernmodule erstellen können, ohne den situativen Kontextbezug der dargebotenen Lerninhalte zu vernachlässigen und
- Lern- und Anwendungssituationen dramaturgisch mit dem Ziel zu verknüpfen sind, Lernprozesse zu initiieren, zu begleiten und zu fördern sowie zu kontrollieren.

Gerade in der Verknüpfung von Lern- und Anwendungssituationen liegen Grenzen einer informationstechnischen Beschreibung mit XML, die mit pädagogisch adaptierten Ansätzen aus der Dramaturgie überwunden werden können. Das Strukturmodell generativen Problemlösens berücksichtigt die pädagogische Ausgestaltung der DTD-Elemente, schließt pädagogische, informationstechnische und dramaturgische Aspekte ein und geht damit über eine informationstechnische Abbildung einzelner Elemente in XML weit hinaus.

1.3 Aufbau der Arbeit

Nachdem im **ersten Kapitel** Problemstellung und Zielsetzung der Arbeit erläutert wurden, wird in **Kapitel 2** zunächst der Untersuchungsgegenstand Lernumgebung als Ergebnis von Konstruktionsprozessen näher betrachtet. Anschließend werden die Grundlagen situierter und problembasierter Lehr-Lernprozessgestaltung erörtert, um daraus Anforderungen an eine informationstechnisch umgesetzte Problembasierte Struktur von Lernumgebungen zu entwickeln (vgl. für die folgenden Ausführungen Abbildung 1 auf der folgenden Seite).

In **Kapitel 3** werden die Bedingungen einer modularen Struktur von Lernumgebungen, insbesondere Charakteristika und Kriterien der Makro- und Mikrosequenzierung präzisiert. Anschließend wird der informationstechnische Ansatz XML zur

---

[27] Für Analyse und Diskussion des pädagogischen Strukturmodells generativen Problemlösens sowie der komplexen Problemstellungen wird in der vorliegenden Arbeit auf den Kurs *E-Commerce als komplexes Wissensgebiet – Eine Einführung* referiert. Der Einführungskurs vermittelt den Lernenden einen Überblick über einzelne Gebiete und fachwissenschaftliche Perspektiven. Gleichzeitig bietet er einen ersten Einblick in unterschiedliche Definitionen und Abgrenzungen sowie über mögliche Referenzmodelle und Bereiche des E-Commerce. Die an den Einführungskurs anschließenden Kurse vertiefen Teilgebiete zum Thema E-Commerce aus unterschiedlichen fachwissenschaftlichen Perspektiven. Der E-Learning-Kurs setzt zum Beispiel Akzente aus Sicht der Personalwirtschaft.

Beschreibung der Struktur von Dokumenten vorgestellt und dahingehend diskutiert, in wie weit sich dieser Ansatz zur Modellierung problembasierter Lernumgebungen eignet.

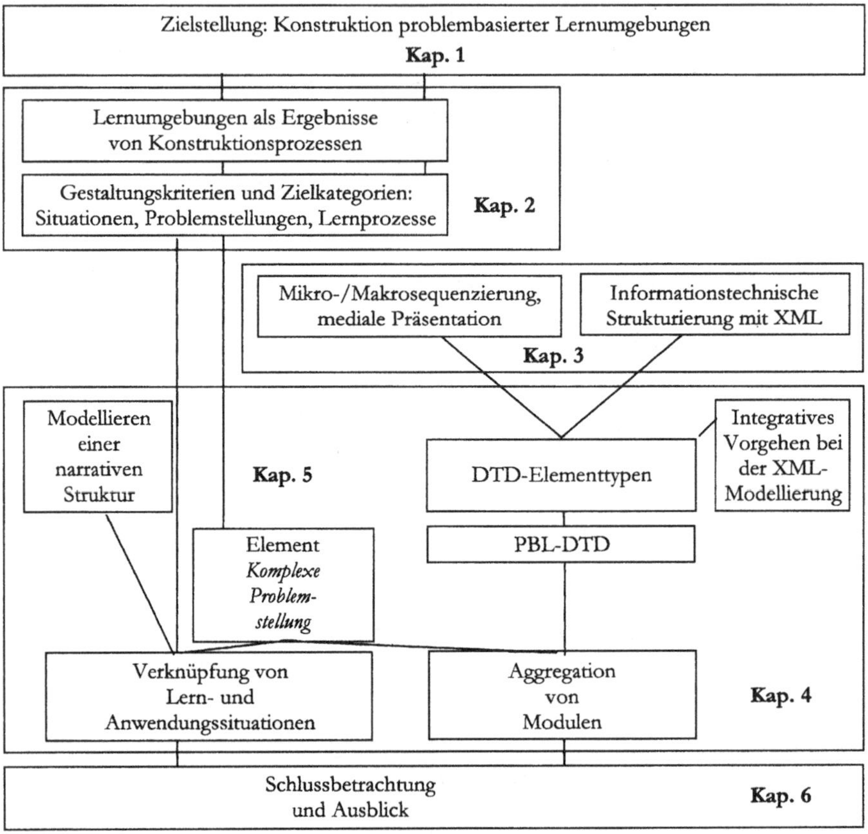

Abbildung 1: Aufbau der Arbeit

In den **Kapiteln 4** und **5** wird das integrative Strukturmodell generativen Problemlösens zur Konstruktion problembasierter Lernumgebungen vorgestellt und an Beispielen aus dem Projekt IMPULS^{EC} konkretisiert.

In **Kapitel 4** wird das Strukturmodell generativen Problemlösens sowie dessen Umsetzung in der PBL-DTD erörtert. Da der Prozess der Modellierung einer Lernumgebung das Konstruktionsergebnis in hohem Maße prägt, werden im Punkt **4.1** interdisziplinäre Fragestellungen bei der Erstellung einer problembasierten Struktur diskutiert. Grundlage der PBL-DTD sind pädagogisch akzentuierte DTD-Elementtypen, die im Punkt **4.2** beschrieben werden. Die Besonderheit dieser Elementtypen besteht darin, dass sie die zu entwickelnden Elemente anhand ihrer Funktionen in der Lehr-Lernprozessgestaltung kategorisieren. Die Elemente des Strukturmodells generativen Problemlösens werden in Punkt **4.3** erörtert und unter mikro- und makrosequenziellen Fragestellungen diskutiert. Anschließend wird das Strukturmodell generativen Problemlösens unter der Fragestellung diskutiert, wie Autoren mit ihm Lernumgebungen erstellen können. Dazu wird im Punkt **4.4** zunächst der Modulbegriff erläutert. In Punkt **4.5** wird beschrieben, wie das Strukturmodell Autoren beim Aggregieren der Lernsequenzen zu problembasierten Lernumgebungen unterstützt.

Komplexe Problemstellungen stehen als curriculare und didaktisch-methodische Ausgangs- und Bezugpunkte der Lehr-Lernprozessgestaltung im Mittelpunkt pädagogischer Überlegungen bei der Konstruktion problembasierter Lernumgebungen. In **Kapitel 5** werden am Beispiel der komplexen Problemstellung curriculare und didaktisch-methodische Fragestellungen zur Ausgestaltung des Strukturmodells generativen Problemlösens diskutiert. Dazu werden im Punkt **5.1** zunächst dramaturgische Ansätze und Modelle vorgestellt, die pädagogisch genutzt werden können, um Anwendungssituationen in narrativen Sequenzen zu überführen und in die intendierten Lernsituationen einzubetten. Im Punkt **5.2** wird die Ausgestaltung narrativer Sequenzen am Beispiel des Lehrgangs *Electronic Commerce* konkretisiert. Im Punkt **5.3** wird die Verknüpfung von Lern- und Anwendungssituationen Problembasierter Lernumgebungen für die Handhabung von Autoren konkretisiert und in den Elementen der PBL-DTD manifestiert. Als Instrument zur Verknüpfung von Lern- und Anwendungssituationen wird der Handlungsbogen generativen Problemlösens entwickelt und beschrieben.

Kapitel 6 fasst die Ergebnisse der vorliegenden Arbeit zusammen und skizziert Forschungsperspektiven.

2 Lernumgebungen – Ergebnisse von Konstruktionsprozessen

2.1 Lernumgebungen – Begriff und Eigenschaften

Bei der Konstruktion computergestützter Lernumgebungen handelt es sich um einen Prozess, an dem unterschiedliche Disziplinen, vor allem aber (Medien-)Pädagogik und Informatik beteiligt sind. In der Literatur wird die Notwendigkeit interdisziplinärer Zusammenarbeit vielfach betont[28]. Bei einer Betrachtung verschiedener Definitionen des Begriffs Lernumgebung fällt allerdings auf, dass das Begriffsverständnis disziplinär unterschiedlich ist.

Als Lernumgebung werden in einem zunächst allgemein gehaltenen und disziplinübergreifenden Zugang die äußeren Bedingungen der intendierten und/oder vorgefundenen Lernprozesse bezeichnet (Reinmann-Rothmeier & Mandl, 2001, S. 603f.). In diesem Sinne werden äußere Gegebenheiten von inneren, d. h. kognitiven, motivationalen, emotionalen und volitiven Bedingungen des Lernens abgegrenzt. Trotz definitorischer Abgrenzung wird betont, die Lernumgebung als Summe der äußeren Bedingungen gestalte sich in Abhängigkeit von den inneren Bedingungen sowie in Abhängigkeit der Ziele und Inhalte (vgl. z. B. Dörr & Strittmatter, 2002, S. 30f.).

Im informationstechnischen Verständnis werden Lernumgebungen als Ansammlung von Software oder Daten verstanden (vgl. z. B. Dick, 2000, S. 42; Pawlowski, 2001). Lernumgebungen haben aus informationstechnischer Perspektive die Aufgabe, einerseits die zum Lernen benötigten Materialien bereit zu stellen sowie andererseits die Daten der Lernenden und Lehrenden zu verwalten. Ziel ist es, möglichst viele der benötigten Informationen und Vorgänge zu automatisieren und damit informationstechnisch verwaltbar zu machen.

Definitionen mit pädagogischer Affinität charakterisieren Lernumgebungen als Arrangement der für das Lernen bereit gestellten Materialien[29]. Das Arrangement wird „in zeitlicher, räumlicher und sozialer Hinsicht" in der jeweiligen aktuellen Lernsituation konkretisiert (Reinmann-Rothmeier & Mandl, 2001, S. 604)[30].

---

[28] Vgl. zum Beispiel die Arbeiten von Salomon (1992; 1998; 2000) oder Wiley (2003) sowie die Beiträge in den Sammelbänden zu Instructional Design Theories (1983; 1999).

[29] Vgl. aus mediendidaktischer Perspektive Kerres (2001), für eine psychologische Definition vgl. Reinmann-Rothmeier und Mandl (2001). Aus instruktionspsychologischer Sicht vgl. Schott, Grzondziel und Hillebrand (2002). Für eine wirtschaftspädagogische Perspektive vgl. die Beiträge in Achtenhagen und John (1992).

[30] In einer weit gefassten Deutung schließt der Begriff Lernumgebung den jeweiligen sozialen, kulturellen und historischen Kontext ein, in dem gelernt wird (vgl. z. B. Mandl & Reinmann-Rothmeier, 1995, S. 4).

Pädagogisch akzentuierte Definitionen betonen die Notwendigkeit einer ziel- und zweckgerichtete Planung der intendierten Lehr-Lernsituationen sowie der eingesetzten Materialien. Die Materialien werden didaktisch-methodisch mit dem Ziel aufeinander abgestimmt, intendierte Lernprozesse zu initiieren, zu unterstützen und zu kontrollieren[31]. Der Planungs- und Abstimmungsprozess zur Konstruktion von Lernumgebungen wird nach Achtenhagen, Tramm, Preiß, Seemann-Weymar, John und Schunck (1992, S. 107) mit Bezug auf Möhlenbrock als Prozess der Modellierung und der didaktischen Transformation der Lerngegenstände in Lerninhalte verstanden.

2.2 *Konstruktionsprozesse von Lernumgebungen*

Unter Rückgriff auf die allgemeine Modelltheorie von Stachowiak (1973; 1980; 1983) entwickelt Möhlenbrock (1982) das Konzept der didaktischen Transformation. Dabei bezieht er sich auf folgende zwei Annahmen.

Das **Modellkonzept der Erkenntnis** als Grundannahmen des neopragmatischen Modellbegriffs von Stachowiak beschreibt Achtenhagen (2001, p. 364) wie folgt: „All human perception and comprehension is considered as perception and comprehension in and through models". Als zweite Annahme formuliert Stachowiak den **pragmatischen Entschluss**, der „die Intentionsgebundenheit menschlicher Erkenntnis und den pragmatischen Charakter der Modellkonstruktion betont" (Tramm, 1997, S. 59).

Modelle werden, ebenso wie die zugrunde liegenden Originale, als Systeme verstanden, „d. h. als eine definierte Menge von Elementen und Beziehungen zwischen diesen Elementen" (Achtenhagen et al., 1992, S. 69). Folgende drei Merkmale kennzeichnen Modelle (Stachowiak, 1973, S. 131f.):

- Das Abbildungsmerkmal bestimmt Modelle stets als Modelle von etwas, sie sind Repräsentationen „natürlicher oder künstlicher Originale, die selbst wieder Modelle sein können".
- Ein wesentliches Merkmal von Modellen ist die Verkürzung: die Repräsentation des Modells geschieht aus einer spezifischen Perspektive, aus der heraus Merkmale in das Modell aufgenommen werden. Für die Betrachtung des jeweiligen Gegenstandsbereichs werden diejenigen Charakteristika ausgewählt, die dem

[31] Neben dieser materiell geprägten Definition gibt es auch Begriffsbestimmungen, die eine räumliche oder organisatorische Dimensionierung aufweisen. Bei ihnen stehen Kriterien wie die ergonomische Lernplatzgestaltung oder Zeit- und Raumverteilung im Vordergrund. In diesem Sinne werden Lernumgebungen zum Teil auch als Lernumwelt bezeichnet (vgl. Kerres, 2001, S. 33).

Modellerschaffer und/oder dem Modellbenutzer unter verschiedenen Aspekten relevant erscheinen.

- Unter dem pragmatischen Merkmal wird die Tatsache verstanden, dass Modelle stets eine Funktion erfüllen, die nur für bestimmte Subjekte innerhalb bestimmter Zeitintervalle unter Einschränkung auf bestimmte gedankliche oder tatsächliche Operationen bedeutungsvoll sind.

Bei der didaktischen Modellierung eines Lerninhalts handelt es sich nach Achtenhagen et al. (1992, S. 68ff.) um einem zweischrittigen Prozess[32] (vgl. Abbildung 2).

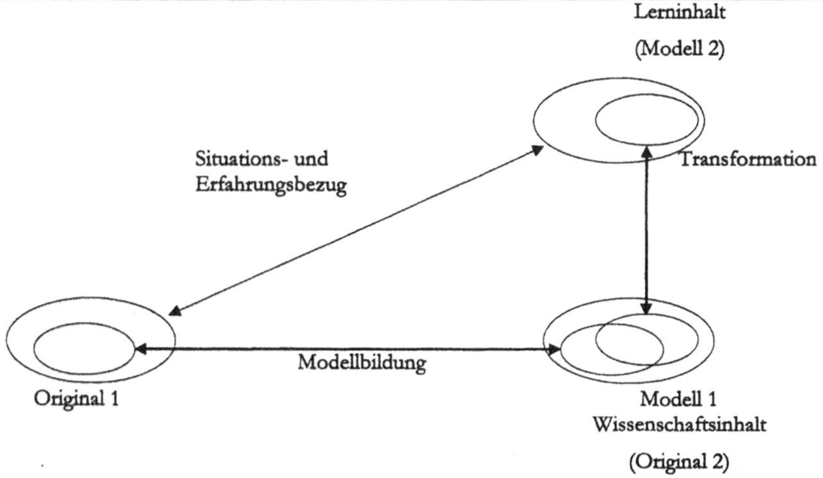

Abbildung 2: Modellbildung und didaktische Transformation (nach Achtenhagen et al., 1992, S. 72)

In einem ersten Modellierungsschritt werden **Lerngegenstände**, d. h. Objekte, Ereignisse und Prozesse der realen Welt in Begriffe, Ansätze und Theorien etc. überführt. Die entstehenden Modelle sind Ergebnisse eines gesellschaftlichen Erkenntnisprozesses bzw. „scientifically described part of „reality"" (Achtenhagen, 2001, p. 365).

Achtenhagen (2001) sowie Tramm und Rebmann (1998) nennen als Beispiel die Konstruktion von Modellunternehmen, bei der in einem ersten Schritt ein real existierendes Unternehmen mit allen bei der Modellbildung vorgenommenen Verkürzungen und Ergänzungen abgebildet wird (vgl. auch Achtenhagen & Weber, 2003). Bei der Konstruktion werden

[32] Achtenhagen und Weber (2003, S. 193) formulieren einen dritten Modellierungsschritt, in dem das didaktische Modell zu den von den Lernenden rekonstruierten Modellen in Beziehung gesetzt wird.

> „über die Definition der Modellstruktur und ihre Konkretisierung im Datenkranz einer Modellunternehmung bereits eine didaktische Vorentscheidung getroffen [...], denn es handelt sich hierbei keinesfalls um bloße Nachbildungen, sondern um intentional und funktional geleitete Prozesse der Gegenstandsauffassung, der Reduktion, Akzentuierung und medialen Darstellung" (Tramm & Rebmann, 1998, S. 87).

Der zweite Modellierungsschritt transformiert Lerngegenstände in **Lernobjekte**, d. h. in die „dem Lernenden zugängliche oder zugewiesene Erscheinungsform bzw. Einheit des Lerngegenstands" (Achtenhagen et al., 1992, S. 85). Achtenhagen (2001, p. 366) betont die didaktische Perspektive bei der Modellierung: „The model of „reality", then, is modeled under a didactic perspective and leads to the learning goals and contents". In diesem Schritt werden diejenigen Probleme, Situationen und Prozesse, die die Aktivitäten des modellierten Unternehmens ausmachen, unter der Perspektive der Lernprozessorientierung angeordnet sowie curricular, didaktisch-methodisch und medial aufbereitet.

Um computergestützte Lernumgebungen zu konstruieren, rücken zwei Untersuchungsaspekte in den Fokus pädagogischer Arbeit: Zunächst gilt es, intendierte **Lernsituationen** zu antizipieren sowie die in ihnen stattfindenden **Lernprozesse** als didaktisch-methodische Zielkategorien bei der Konstruktion von Lernumgebungen zu berücksichtigen (vgl. 2.3). Anschließend ist zu fragen, wie der Konstruktionsgegenstand, also das zum Lernen bereit gestellte **Material** beschaffen ist, wie es zum Lernen strukturiert und zusammengestellt werden kann und welche medialen Besonderheiten für computergestützte Lernumgebungen gelten (vgl. 3).

2.3 Gestaltungskriterien und Zielkategorien für die Konstruktion von Lernumgebungen

2.3.1 Ansätze zur Gestaltung problembasierter Lehr-Lernprozesse

In diesem Kapitel gilt es, die Leitidee einer problembasierten Lehr-Lernprozessgestaltung zu erörtern und in Kriterien für die Gestaltung von Lernumgebungen zu konkretisieren. Dazu wird auf den Problem-Based Learning Ansatz sowie den Ansatz des Anchored Instruction[33] zurückgegriffen. Die Grundannahmen, Charakte-

---

[33] Die Forschergruppe um Bransford bezeichnet Anchored Instruction als einen modifizierten Ansatz des Problem-Based Learning:

> „The *Jasper* series represents an example of problem-based learning that has been modified [...]. These modifications include the use of a story format to present problems, plus the use of embedded data and embedded teaching to seed the environment with ideas relevant to problem solving. *Jasper* is also designed to set the stage for subsequent project-based learning." (Cognition and Technology Group at Vanderbilt, 1997, S. 45).

ristika und Gestaltungskriterien für Lernumgebungen beider Ansätze werden im Folgenden kurz vorgestellt.

Die Grundlagen des **Problem-Based Learning** wurden in den 1960-er Jahren entwickelt. Problem-Based Learning wurde seitdem weltweit rezipiert sowie für den pädagogisch fundierten Umgang mit modernen Informations- und Kommunikationsmedien weiterentwickelt[34]. Angewandt wird der Ansatz in so unterschiedlichen Disziplinen wie Medizin, Ingenieurwissenschaften, Wirtschaftswissenschaften, Architektur, Rechtswissenschaften oder Informatik. Im Bereich der kaufmännischen Aus- und Weiterbildung wurde der Ansatz in vielfältigen komplexen Lernumgebungen konkretisiert[35].

Die Grundannahmen des Problem-Based Learning charakterisieren den Lernprozess in der folgenden Art und Weise (vgl. für die folgenden Ausführungen Abbildung 3 sowie Klauser et al., 2002, S. 7ff.).

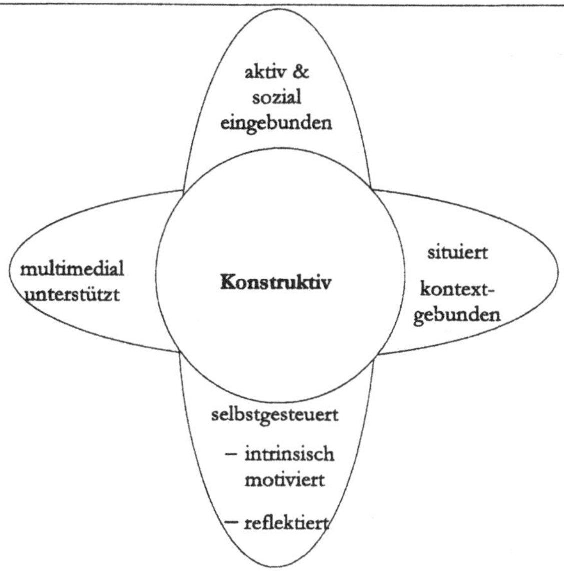

Abbildung 3: Charakteristika des Lernprozesses unter konstruktivistischer Perspektive (Klauser et al., 2002, S. 7)

[34] Vgl. die Beiträge bei Boud und Feletti (1994), die Arbeiten von Barrows (Barrows & Tamblyn, 1980; Barrows, 1985; Barrows & Myers, 1993) und Klauser (1998c; 1998d) sowie für E-Learning-Angebote insbesondere Klauser (2002). Einen umfassenden Überblick über den empirischen Forschungsstand zum Problem-Based Learning geben Dörig (2003, S. 542f.), Zumbach (2003) und Dochy, Segers, Van den Bossche und Gijbels (2003).

[35] Vgl. die Literatur bei Klauser (1998d).

- Lernende konstruieren ihr Wissen aktiv in Abhängigkeit von ihrem Vorwissen, der jeweiligen Situation sowie ihrer motivationalen, emotionalen und volitiven Befindlichkeit. Bei der Konstruktion interpretieren Lernende wahrnehmungsbedingt ihre Erfahrungen, generieren ihr Wissen und Können im Prozess der Problembearbeitung und konstruieren individuelle mentale Modelle. Die individuelle Auseinandersetzung mit der Lernumgebung vollzieht sich in sozialer Eingebundenheit, indem Bedeutungen in sozialen Gemeinschaften ausgehandelt werden.

- Lernen ist in hohem Maße situiert. Das heißt, dass soziale, gegenständliche und historische Kontextfaktoren die Anwendbarkeit von Wissen entscheidend mitbestimmen. Das gelernte Wissen kann nicht vom Kontext, in dem gelernt wird, sowie vom Akt des Lernens getrennt betrachtet werden.

- Um Wissen aktiv konstruieren zu können, ist ein hohes Maß an Selbstorganisation und –steuerung notwendig. Als Grundlage für die selbstständige Steuerung von Lernprozessen werden insbesondere die intrinsische Motivation sowie die Fähigkeit zur Reflexion und Metakognition angeführt.

- Moderne Informations- und Kommunikationstechniken eröffnen vielfältige Möglichkeiten, um Lernprozesse effektiv zu initiieren, zu aktivieren, zu unterstützen, zu begleiten und zu kontrollieren. Eine multimedial umgesetzte Problemstellung unterstützt aus konstruktivistischer Perspektive die Förderung effektiver Lernprozesse.

Zielperspektive des Problem-Based Learning ist die Herausbildung allgemeiner und fachspezifischer Problemlöseheuristiken, wie sie das Denken und Handeln von **Experten**[36] bestimmen.

Klauser führt mit Rückgriff auf Kriterien zur Gestaltung komplexer Lehr-Lern-Arrangements für die Gestaltung problembasierter Lernumgebungen folgende Grundsätze an[37]:

- Komplexe Probleme dienen als curricularer und didaktisch-methodischer Ausgangs- und Bezugspunkte zur Lehr-Lernprozessgestaltung. Sie sind so angelegt, dass mehrere mögliche Lösungen und verschiedene Lösungswege existieren.

---

[36] Als Experten werden Personen bezeichnet, deren bereichs- und aufgabenspezifische Problemlösefähigkeit sie in die Lage versetzt, in ihrem Sachgebiet dauerhaft Hervorragendes zu leisten (Frieling & Sonntag, 1999, S. 149). Experten verfügen über eine Verknüpfung von allgemeinen und fachbezogenen Problemlöseheuristiken sowie über ein umfangreiches fachliches Wissen, das an spezifischen Fällen orientiert ist (Reimann, 1998, S. 360f.). Das Wissen von Experten ist mit Bezug auf Tiefenstrukturen (zum Beispiel Abstraktionsgrad, Kohärenz, grundlegende Konzepte des Fachgebiets) organisiert (Reimann, 1998, S. 339ff.).

[37] Eine ausführliche Darstellung findet sich in den Arbeiten von Klauser (1998c; 1998d; Klauser et al., 2002). Vgl. für Kriterien zu Gestaltung komplexer Lehr-Lern-Arrangements u. a. Dubs (1996) und Reetz (1996).

- Lernen wird als generatives Problemlösen geplant. In traditionellen Unterrichtsformen werden Probleme zur Übung und Anwendung des erlernten Wissens eingesetzt. Nach Annahme des Problem-Based Learning hingegen vollzieht sich Lernen im Prozess des Problemlösens. Die komplexen Probleme dienen den Lernenden dazu, ihr Wissen und Können im Prozess der Problemlösung zu generieren und zu erarbeiten.
- Lernumgebungen sind so zu konzipieren, dass sie Themenbereiche verschiedener Fächer verknüpfen und interdisziplinär aufbereiten. Die Verknüpfung ermöglicht es, komplexe Probleme aus verschiedenen Perspektiven und in unterschiedlichen Kontexten zu betrachten und zu bearbeiten.
- Bei der Konstruktion von Lernumgebungen ist es notwendig, metakognitive Prozesse in den Mittelpunkt didaktischer Überlegungen zu rücken. Mit metakognitiven Prozessen kontrollieren, reflektieren und bewerten Lernende ihr eigenes Handeln in Problemlösesituationen.
- Lernsituationen werden im Problem-Based Learning mit einer spezifischen Form der Unterstützung, dem Tutoring sowie einem ausdifferenzierten Methodenrepertoire verbunden. Als Tutoren kommen Lehrer, Schüler und externe Experten in Betracht.

Untersuchungen haben ergeben, dass komplexe Problemstellungen besonders effektiv sind, wenn sie realitätsnahe und authentische Situationen abbilden, die für Lernende subjektiv bedeutsam sind (vgl. z. B. Lave & Wenger, 1991). Insbesondere eine narrative und videobasierte Aufbereitung verspricht, Lernenden zu motivieren, indem sie sich mit den dargestellten Problemen, Handlungen und Situationen identifizieren (Schulmeister, 2002, S. 250). Mit der Konstruktion narrativ umgesetzter Lernumgebungen beschäftigt sich der Ansatz des **Anchored Instruction**[38]. Beim Anchored Instruction werden den Lernenden Fallpräsentationen in Form narrativer Geschichten angeboten, die ihnen als kognitiver, motivationaler und emotionaler Anker dienen. Die Geschichten ermöglichen den Lernenden, das Wissen in ihrer Erfahrungswelt bzw. ihren kognitiven Konzepten zu verankern. „We began to investigate the use of video-based scenarios that could help students generate mental models of situations" (Cognition and Technology Group at Vanderbilt, 1997, S. 27).

Das wohl bekannteste Beispiel für diesen Ansatz stellt die Jasper-Woodbury-Serie der Cognition and Technology Group at Vanderbilt (CTGV) dar. Diese Serie wurde für den Mathematikunterricht amerikanischer Schüler entwickelt und auf die Bereiche Literatur, Geographie, Umweltschutz und Politik ausgeweitet. Der Anchored Instruction Ansatz beruht auf den folgenden Prinzipien zur Gestaltung komplexer

[38] Dieser Ansatz wurde von der Forschergruppe um Bransford (vgl. u. a. Cognition and Technology Group at Vanderbilt, 1990; 1991; 1992c; 1997) entwickelt.

Lernumgebungen (vgl. Cognition and Technology Group at Vanderbilt, 1997; vgl. auch Klauser, 1998a; Klauser, 1998b):

- Video-Based Format (Videobasierte Fallpräsentation). Den Lernenden werden narrative Geschichten in Form von Videosequenzen präsentiert. Diese Sequenzen enthalten komplexe, realistische Probleme, deren Lösungen die Lernenden allein oder in Gruppen erarbeiten.
- Narrative with Realistic Problems (Narratives Format). Die dargebotenen Probleme werden durchgängig in Form von Geschichten konzipiert. Die Geschichten repräsentieren authentische Situationen, die das Interesse anregen sollen, sowie Personen, die zur Identifikation und zum Handeln herausfordern.
- Generative Format (Generatives Problemlösen). Die Lernenden werden zu Beginn der Lernsequenz mit einer komplexen Problemstellung konfrontiert. In der Folge generieren bzw. konstruieren die Lernenden ihr Wissen im Prozess der Problembearbeitung.
- Embedded Data Design (Eingebettete und zusätzliche Informationen)[39]. Die konzipierten Geschichten enthalten alle für die Problembearbeitung notwendigen, darüber hinaus aber auch irrelevante Informationen. Die Lernenden sind während der Problembearbeitung aufgefordert, die zur Problemlösung benötigten Informationen aus dem Kontext (d. h. aus der Geschichte) zusammen zu tragen.
- Problem Complexity (Sinnvolle Komplexität). Im Zusammenhang mit einer videobasierten Aufbereitung stellt sich die Frage nach der sinnvollen Komplexität der dargebotenen Problemstellungen. Dabei geht es sowohl um die Frage, welche Komplexität angemessen ist, um das Problem realitätsnah und fachwissenschaftlich angemessen zu modellieren und die jeweiligen Lernziele zu realisieren, als auch darum, welche Komplexität den individuellen Voraussetzungen der Lernenden angemessen ist (vgl. Klauser, 2002, S. 9).
- Pairs of Related Adventures (Paare bzw. Tripel strukturähnlicher Geschichten). Die Jasper-Woodbury-Serie arbeitet mit Paaren bzw. Tripeln zusammengehörender Geschichten. Die jeweiligen Geschichten besitzen unterschiedliche narrative Strukturen, die den Geschichten zugrunde liegenden Probleme sind teilweise analoger Natur, teilweise von zunehmender Komplexität. Mit der Präsentation zusammengehöriger Geschichten soll die Transferfähigkeit gefördert werden.
- Links across the Curriculum (Verknüpfungen im Fach und über das gesamte Curriculum). Mit diesem Gestaltungskriterium ist die Forderung verbunden, die

---

[39] Das englische Wort data (pl. von datum) kann mit den deutschen Begriffen Daten, Tatsachen, Einzelheiten, Angaben oder Unterlagen übersetzt werden (vgl. Muret & Sanders, 2000, S. 353, Sp. 3). Unter Bezug auf die Abgrenzung zwischen Daten und Information auf S. 14 wird data hier mit Informationen übersetzt (ebenso bei Klauser, 1998a; 1998b).

bearbeiteten Inhalte zu verknüpfen, um bei den Lernenden das Denken in übergeordneten und systematischen Zusammenhängen zu fördern.

Das Spezifische des Anchored Instruction Ansatzes besteht darin, dass die Lernenden komplexe Probleme in Form einer Geschichte erhalten. In diesen Geschichten steht eine fiktive Figur in realitätsnahen, authentischen Situationen vor einem Problem, das es zu lösen gilt. Die Lernenden erhalten den Arbeitsauftrag, dieses Problem für die Figur zu lösen und so die Geschichte fortzusetzen. Zur Bearbeitung des Problems können sich die Lernenden die einzelnen Szenen der Geschichte (auf Videobildplatten) wiederholt ansehen. Nach der Bearbeitung des Problems können die Lernenden die eigene Lösung mit einer auf Bildplatte bereit gestellten Musterlösung vergleichen.

Die Ansätze des Problem-Based Learning sowie des Anchored Instruction fokussieren auf eine problembasierte Lehr-Lernprozessgestaltung. Lernprozesse finden nach Auffassung beider Ansätze in Situationen statt, in denen Lernende angehalten sind, ein Problem zu lösen. Bei der Konstruktion problembasierter Lernumgebungen gilt es, Bedingungen und Strukturen für Situationen zu schaffen, in denen Lernende und Lehrende mit Bezug auf eine komplexe Problemstellung interagieren können. Um Situationen didaktisch konstruieren zu können, werden im Folgenden Begriff und Charakteristika konkretisiert.

2.3.2 Situationen – Zielkategorien didaktischer Konstruktion

Obwohl in der (wirtschafts-)pädagogischen Literatur der Situationsbegriff eine zentrale Rolle spielt, fehlt insbesondere den Instruktionsansätzen eine einheitliche Definition von Situation[40]. Dörig (2003, S. 492) beklagt mit Bezug auf pädagogische, handlungsorientierte Literatur sogar eine fehlende Theorie der Situation.

Tramm (1992, S. 105f.) definiert Situationen als subjektbezogene, interne Modelle zur „Integration von Umwelt- und Personvariablen im Zusammenhang definierter Handlungsinteressen“, die die „Gesamtheit der äußeren und inneren Determinan-

[40] Vgl. für die curriculumtheoretische Diskussion stellvertretend Robinsohn (1975), Loser (1983), Reetz (1984), Achtenhagen (1996) und Bruchhäuser (2001). Mit dem Situationsprinzip wird in der Curriculumtheorie die Analyse des zukünftigen beruflichen und außerberuflichen Wirkungsraum der Lernenden verbunden (Wilbers, 2001, S. 5). Eine didaktische Perspektive fokussiert auf die Gestaltung spezifischer Lernsituationen. Mit Bezug auf didaktisch-methodische Fragestellungen vgl. Achtenhagen et al. (1992), Dubs (1996), Sloane (1999) sowie Achtenhagen und Weber (2003). Aus lernpsychologischer Perspektive vgl. Mandl, Gruber und Renkl (2002) sowie Reinmann-Rothmeier (2001). Stellvertretend für die neuere instruktionstheoretische Diskussion vgl. die Beiträge in den Sammelbänden von Reigeluth (1983; 1999) sowie Schott, Kemter und Seidl (1997), Schott, Grzondziel und Hillebrand (2002), Akhas und Self (2002) oder Young, DePalma und Garrett (2002).

ten für einen bestimmten Orientierungs- oder Handlungszusammenhang [modellieren], soweit diese subjektiv zugänglich und relevant sind".

Beck (1996, S. 88) erhebt die Situation in den Status eines „Bezugspunkt[s] didaktischer Argumentation" und definiert sie als „Konstellation von Gegebenheiten, Bedingungen und Möglichkeiten, für die es zu bestimmen gilt, in welche Folgekonstellation sie unter Einwirkung einer Person überführt werden soll". Beck (1996, S. 95) nimmt an, eine Situation sei als „Makrokonstrukt" zu begreifen, „dessen Elemente einzeln identifiziert, diagnostiziert und [...] modifiziert zu werden vermögen". Folgende sechs Dimensionen kennzeichnen seiner Meinung nach (pädagogische) Situationen (Beck, 1996, S. 92f.):

- die Zeitdimension, die inter- und intrapersonell variiert und dabei von den Subjekten „durch die intentionale Ausrichtung der Aufmerksamkeit (die Fokussierung) auf einen Sachverhalt" gesteuert wird,
- der Raum, durch dessen subjektive Wahrnehmung die Situation bestimmt wird,
- die wahrgenommene Gegenstandskonstellation, wobei die „subjektive Ausrichtung der Wahrnehmung bestimmt, welche dieser „Gegenstände" zum „Situationsbestandteil" werden",
- die begrifflichen Konzepte, die den Subjekten zur Verfügung stehen,
- die aktualisierten Rollen[41], die die Subjekte an- und übernehmen sowie
- die Bewertungen, mit denen die Subjekte die Gegenstandskonstellationen versehen.

Situationen sind durch ein spezifisches zeitliches, räumliches, soziales und kulturelles Wirkungsgefüge gekennzeichnet. Sie sind in ihrer Durchführung einzigartig und nicht wiederholbar. Beck (1996, S. 94) betont, Situationen seien „intentional gesteuerte Erlebniseinheiten". Eine Veränderung der Situation wird immer durch intentionale Veränderungen ausgelöst.

Beck (1996, S. 96) weist darauf hin, dass das erfolgreiche Gelingen der Lehr-Lernprozesse davon abhängt, in wie weit es den Beteiligten gelingt, „ihre (subjektiven) „Situationen" strukturell aufeinander abzustimmen". Euler (2004, S. 35ff.) fordert, didaktisch konstruierte Situationen für die Lehr-Lernprozessgestaltung zu Situationstypen zusammenzufassen.

Bei der Konstruktion problembasierter Lernumgebungen sind zwei Modellierungsebenen zu unterscheiden: die Modellierung (beruflicher) **Anwendungssituationen**, in denen Wissen zur Lösung eines Problems benötigt wird und die Modellierung der **Lernsituationen**, in denen Lernende das zu lernende Wissen im Prozess des Problemlösens generieren.

---

[41] Unter einer aktualisierten Rolle versteht Beck (1996, S. 93) „jene Erwartungsbündel, die im Kalkül des Subjekts repräsentiert sind".

Lernsituationen unterscheiden sich von Anwendungssituationen dadurch, dass der Lernprozess bewusst initiiert, gefördert und kontrolliert wird. Die Lernenden sind aufgefordert, den eigenen Lernprozess systematisch zu reflektieren sowie das gelernte Wissen zu dekontextualisieren und zu abstrahieren. Lernsituationen sollen Lernenden einen Situations- und Erfahrungsbezug ermöglichen, der sich sowohl auf reale Objekte, Ereignisse und Prozesse als auch auf deren Modelle und Theorien als Ergebnisse eines gesellschaftlichen Erkenntnisprozesses bezieht (vgl. Abbildung 4).

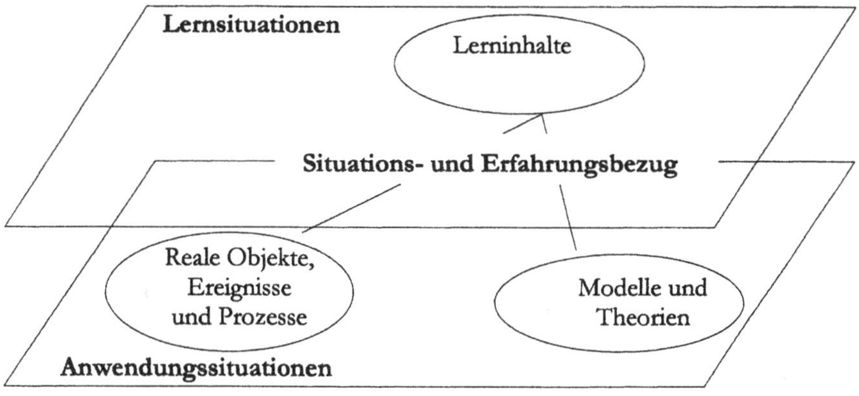

Abbildung 4: Bezüge der Lernsituation zur Anwendungssituationen

Lern- und Anwendungssituationen unterscheiden sich in allen von Beck (1996) aufgestellten Dimensionen einer Situation voneinander: Die Unterschiede beziehen sich sowohl auf spezifische (subjektiv wahrgenommene) Zeit-, Raum- und Gegenstandskonstellationen als auch auf die zugrunde gelegten subjektiven Konzepte, Rollen und Bewertungen. Bei Lernsituationen handelt es sich um didaktisch aufbereitete Konstellationen im Sinne von Modellen, die sich von den zugrunde gelegten Anwendungssituationen (als Originalen) notwendigerweise durch ihre Ziele, ihre Ausrichtung sowie ihren Übungscharakter unterscheiden. Ziel einer Lernsituation ist es, Lernende zu befähigen, in zukünftigen Anwendungssituationen Probleme zu lösen.

Mit Bezug auf die situierte Konstruktion problembasierter Lernumgebungen lautet eine der konstruktivistischen Hauptforderungen, Lern- und Anwendungssituationen möglichst ähnlich zu gestalten, da Wissen als stark kontextgebunden angesehen wird. Wenn der instruktionale Kontext und der antizipierte Anwendungskontext einander ähnlich sind, steigt die Wahrscheinlichkeit eines möglichen Wissenstransfers (Mandl et al., 2002, S. 141).

Diese konstruktivistische Forderung ist aus pädagogischer Perspektive wie folgt zu präzisieren: Der instruktionale Kontext bzw. die Lernsituation ist **unter curricularen und didaktisch-methodischen Kriterien** mit einem engen Bezug zu spezifischen Anwendungssituation(en) unter pädagogischer Zielformulierung **zu modellieren**. Anwendungs- und Lernsituation sind nach pädagogischen Maßgaben miteinander zu verknüpfen.

Zentrales Gestaltungselement bei der Modellierung ist die komplexe Problemstellung in ihrer Eigenschaft als curricularer und didaktisch-methodischer Ausgangs- und Bezugspunkt der intendierten Lernprozesse. In der vorliegenden Arbeit wird zwischen komplexen Problemen als Bestandteil der Anwendungssituation und didaktisch modellierten komplexen Problemstellungen im Rahmen der Lernsituation unterschieden (vgl. 2.3.3). Um problembasierte Lernumgebungen zu konstruieren, die generatives Problemlösen ermöglichen und fördern, ist im Folgenden nach dem Aufbau und den Eigenschaften komplexer Problemstellungen zu fragen.

2.3.3 Komplexe Problemstellungen – Ausgangs- und Bezugspunkte von Lehr-Lernprozessen

Komplexe Problemstellungen werden in der vorliegenden Arbeit definiert als modellierte Komponenten der Lernumgebung, die realitätsnahe komplexe Probleme curricular, didaktisch-methodisch und medial aufbereitet abbilden. Um komplexe Problemstellungen curricular und didaktisch-methodisch zu modellieren, ist zunächst zu bestimmen, was ein komplexes Problem ausmacht[42]. Ein **Problem** liegt vor, wenn drei Dinge gegeben sind: ein wahrgenommener Ausgangszustand, der nicht mit einem gewünschten Zielzustand übereinstimmt und bei dem das Überführen des Ausgangs- in den Zielzustand nicht unmittelbar gelingt[43]. In Abgrenzung zum Problem kann eine **Aufgabe** definiert werden als Transformation eines Ausgangs- in einen Zielzustand, bei der „der Einsatz bekannter Mittel auf bekannte Weise zur Erreichung eines klar definierten Ziels gefordert wird" (Dörner, 1995, S. 302f.).

---

[42] Eine hinreichend fundierte Theorie zum Problemlösen ist im Kontext der Diskussion um konstruktivistische Lerntheorien bisher nicht auszumachen. Daher wird im Folgenden auf die (kognitivistischen) Arbeiten von Dörner Bezug genommen, der Problemlösen als Informationsverarbeitung definiert. Zur Kritik an informationsverarbeitenden Ansätzen vgl. Funke (2003, S. 84f.).

[43] Frensch und Funke (1995, S. 4ff.) unterscheiden bei der Definition von Problemen gap definitions von task definitions. In gap definitions „a problem is said to exist only if there is a gap between task and solver, or a barrier between the state given in the actual situation and the goal state in the head of the problem solver" (1995, S. 7). Task definitions fokussieren demgegenüber „on the nature of the task itself" (1995, S. 7). Frensch und Funke diskutieren verschiedene Definitionen für die Begriffe Problemlösen, Problem und komplexes Problemlösen. Sie konstatieren, dass die meisten Definitionen die Unterscheidung zwischen Problem (task) und Problemlöser (solver) berücksichtigen, demzufolge als gap definitions zu kategorisieren sind.

Bei der Beantwortung der Frage, welche Faktoren für erfolgreiches Problemlösen eine Rolle spielen, unterscheiden Frensch und Funke (1995) zwischen den internalen Faktoren des problemlösenden Subjekts[44] sowie den externalen Faktoren Problemstruktur (problem structure), Problemkontext (problem context) und Problemlöseumgebung (environmental factors)[45]. Bei der Konstruktion Problembasierter Lernumgebungen sind insbesondere die externalen Faktoren zu berücksichtigen sowie in die Gestaltung einzubeziehen. Frensch und Funke (1995, S. 21) beschreiben die externalen Faktoren erfolgreichen Problemlösens wie folgt:

> „**Problem Structure.** CPS [Complex Problem Solving, KW] appears to vary with the structure of the task including the semantics of the task, the complexity of the task, the transparency of the task, and so on. [...]
> **Problem Context.** The likelihood of successful CPS performance seems to vary with the semantic embeddedness of a task, that is, with whether or not the task is couched within a well-understood and familiar context [...].
> **Environmental Factors.** Successful CPS performance is influenced by the environment within a solver operates. This includes feedback and feedback delay, expectations, cooperation, peer pressure, and so on [...]."

In der Literatur der deutschsprachigen Problemlöseforschung hat insbesondere Dörner die **Struktur komplexer Probleme** und Handlungsanforderungen untersucht[46]. Dörner bestimmt die Strukturmerkmale komplexer Probleme über den Realitätsausschnitts, der dem Problem zugrunde liegt[47]. Folgende Charakteristika kennzeichnen komplexe Probleme:

- Als komplex gilt ein Problem, wenn der Lernende eine Vielzahl von unterschiedlichen Variablen zu beachten hat.
- Vernetzt ist ein Problem, wenn es aus verschiedenen Variablen besteht, die voneinander in hohem Maße abhängig sind. Vernetzung bewirkt, dass Eingriffe in

---

[44] Frensch und Funke (1995) nennen als internale Faktoren experience, cognitive variables und noncognitive variables.

[45] Die drei Faktoren sind nur analytisch zu trennen, verweisen aber auf unterschiedliche Forschungsschwerpunkte, die von der heutigen Problemlöseforschung thematisiert werden.

[46] Vgl. u. a. Dörner (1980; 1987; 1995; Dörner, Kreuzig, Reither & Stäudel, 1994). Vgl. dazu auch Fortmüller (1997, S. 291ff.).

[47] Voss (1987; 1990; Voss & Post, 1988) hingegen unterscheidet im Zusammenhang mit der Komplexität des Realitätsausschnitts zwischen gut und schlecht strukturierten Problemen. Schlecht strukturierte Probleme werden dabei definiert als „in dem Ausmaß schlecht strukturiert, wie die Vorgaben, Ziele, Barrieren und/oder Operationen durch das Aufgabenumfeld nicht spezifiziert sind" (Voss, 1990, S. 316). Zudem können sich Vorgaben, Ziele, Barrieren und/oder Operatoren während des Problemlöseprozesses verändern, sie können obsolet werden oder erst im Zuge des Problemlösens entstehen. Nach diesen Maßstäben handelt es sich bei den Szenarien Dörners um gut strukturierte Probleme, allerdings mit einem hohen Grad an Komplexität und Intransparenz: „Die Komplexität liegt demnach in der Menge der Informationen, die die Individuen zu verarbeiten haben, und darin, daß die Parameter sich im Laufe der Zeit verändern" (Voss, 1990, S. 320).

den Realitätsausschnitt Nebeneffekte hervorrufen, die das geplante Verhalten der Variablen zum Teil überlagern oder reduzieren können. Komplexe Probleme mit vernetzten Variablen können nicht ausschließlich in voneinander unabhängige Teilprobleme zerlegt werden.

- Intransparente Variablen sind dadurch gekennzeichnet, dass Veränderungen nur anhand von Symptomen bzw. am Verhalten anderer Variabler erkannt werden können. Eine direkte Beobachtung bzw. eine direkte Beeinflussung ist nicht möglich.
- Unbestimmtheit oder Offenheit eines Problems bedeutet, dass das angestrebte Ziel nicht genau und in allen Einzelheiten formuliert ist bzw. keine Kriterien dafür angegeben sind, wann das Ziel erreicht ist.
- Polytelie bezeichnet die Tatsache, dass es statt eines einzigen Ziels mehrere Ziele gibt, die sich zum Teil widersprechen können.
- Die Eigendynamik eines Systems besagt, dass sich die Zustände der Variablen verändern und weiterentwickeln, auch wenn kein Eingriff von außen erfolgt.

Problemlösen vollzieht sich als Interaktion der Lernenden mit ihrer Lernumwelt, der **Problemlöseumgebung** sowie mit Hilfe kontextspezifischer Faktoren. Die Problemlöseumgebung besteht neben den Erwartungen und dem Vorwissen der Problemlöser auch aus dem sozialen und institutionalen Kontext sowie den Informationen und Instrumenten zum Lösen des Problems.

> „The environment includes the resources that are aviable for problem solving, as well as feedback, expectations, cooperation, peer pressure, disturbances, and so on. The environment affects both the problem solver and the task. It affects the problem solver by constraining the information processes that can be used and by influencing which knowledge is accessible. The environment affects the task by offering additional information, constraining which tools may be used, and so on. In addition, the environment can be changed actively by the problem solver but not by the task." (Frensch & Funke, 1995, S. 22).

Beim Problemlösen nehmen Lernende Zeichen und Informationen des Kontextes wahr und konstruieren daraus eine „innere Repräsentation der Aufgabenumwelt" (Lass & Lüer, 1990, S. 310). Diese Repräsentation wird als **Problemraum** bezeichnet.

Ob ein Problem erfolgreich bearbeitet werden kann, ist davon abhängig, ob die Lernenden alle relevanten Informationen aus der Umgebung entnehmen und für die Lösung des Problems nutzen, wenn sie ihr repräsentatives Modell konstruieren. Ermöglicht wird der Konstruktionsprozess durch die „Anwendung von Wissen, das aus der Instruktion und der Problembeschreibung entnommen wird" (Lass & Lüer, 1990, S. 299). Die Konstruktion eines solchen mentalen Modells beinhaltet, dass die Lernenden mit dem Modell als (Hilfs-)Mittel bzw. als Instrument umgehen können, um innerhalb des Problemraums zu einer Lösung zu kommen. Lernende müssen ihr mentales Modell des Problems nutzen, um Alternativen zu suchen und zu bewerten sowie mögliche Lösungswege mit den dazugehörigen Handlungen antizipatorisch und stellvertretend auszuführen. Im Umgang mit diesem mentalen Modell greifen Lernende auf Informationen des Problemkontextes und der Problemlöseumgebung zurück.

Die Problemlöseumgebung enthält diejenigen **Informationen über das Problem**, die den Lernenden zugänglich sind und die sie zur Bearbeitung des Problems benötigen. Kann eine Person die zur Problemlösung erforderlichen Informationen aus der Umgebung und seinem Vorwissen selektieren, dann stellt sich das Problem für sie als gut strukturiert heraus. Der Umgang mit Informationen aus dem Problemkontext bestimmt, ob „bestimmte Probleme für eine Person schlecht, für die andere dagegen gut strukturiert" (Voss, 1990, S. 316) sind. Fehlen Informationen, werden sie nicht wahrgenommen oder falsch interpretiert, dann steht die Person vor einem schlecht strukturierten Problem.

Zur Bearbeitung von Problemen nutzen Problemlösende **Verarbeitungsstrategien und –methoden**, zum Beispiel das Generieren und Testen von Hypothesen, die vorwärts- und rückwärtsgerichtete Suche nach Wegen zwischen Ausgangs- und Zielzustand, Mittel-Ziel-Analysen sowie die Bildung von Zwischen- und Teilzielen und deren sukzessive Abarbeitung[48].

In handlungstheoretischen Problemlösekonzepten können folgende **Phasen** des Problemlösenden Handelns unterschieden werden (vgl. Funke, 2003, S. 96ff.; Fürstenau, 1994, S. 51ff.): Zunächst nehmen Problemlöser die Faktoren der Ausgangssituation wahr und analysieren sie. Zudem definieren sie die gewünschte Zielsituation sowie Abweichungen zur Ausgangssituation. Da die Transformation vom Ausgangs- in den Zielzustand nicht unmittelbar gelingt, müssen sie im Folgenden den Problemkontext analysieren. Er besteht darin, den Weg zum Ziel, die Barrieren und Beschränkungen, die Methoden, Handlungsabfolgen und Eingriffsmaßnahmen sowie die Mittel und Instrumente zur Überwindung der Barriere bzw. zum Verringern der Differenz wahrzunehmen, zu analysieren und zu interpretieren. Möglicherweise müssen die Problemlöser dazu das Problem in Teilprobleme zerlegen. Anschließend konstruieren sie alternative Szenarien und spielen sie gedanklich durch, bilden dabei möglicherweise Hypothesen und formulieren Erwartungen. Schließlich wählen sie eine Alternative, führen die Handlung durch und kontrollieren und bewerten ihre Problemlösung.

Komplexe Problemstellungen als curricular und didaktisch-methodisch modellierte Ausgangs- und Bezugspunkte generativer Problemlöseprozesse sind so zu gestalten, dass Lernende einen der Lösung angemessenen Problemraum aufbauen können, in dem Informationen über die Problemstruktur und den Problemkontext ebenso enthalten sind wie Instrumente, Verarbeitungsstrategien und Problemlösemethoden. Bei der Konstruktion des Problemraums sind Lernende angehalten,

---

[48] Vgl. u. a. Arbinger (1997), Fortmüller (1997, S. 301ff.), Funke (2003, S. 64), Hussy (1993) sowie Köster (1994, S. 44ff.).

- die zugrunde gelegte Situation, das zu lösende Problem sowie Ziele und Aufgaben zu identifizieren und zu konkretisieren,
- Zielkonflikte zu benennen und zu gewichten,
- Kriterien zur Erreichung des Ziels zu formulieren,
- den zugrunde liegenden, komplexen Realitätsausschnitt (Anwendungssituation) in seinem Kontext zu analysieren und zu modellieren,
- das so gebildete mentale Modell zu ergänzen, zu modifizieren und weiter zu entwickeln,
- dabei unter Unsicherheitsbedingungen Entscheidungen zu treffen und zu handeln sowie
- Eingriffsmöglichkeiten zu formulieren und deren Einsatz zu prüfen.

Beim Bearbeiten der Probleme sind die Lernenden angehalten, eigenständig individuelle (Lern-)Ziele zu bilden, zu verfolgen und zu kontrollieren sowie ihre Lernaktivitäten zu reflektieren. Das Bearbeiten der Probleme und der Aufbau eines Problemraums finden in spezifischen Problemlösesituationen durch **generatives Problemlösen** statt. Beim generativen Problemlösen erhalten die Lernenden zu Beginn einer Lernsequenz eine komplexe Problemstellung, die zu lösen ist. In der Folge generieren bzw. konstruieren sie ihr Wissen im Prozess der Problembearbeitung.

Generatives Problemlösen zeichnet sich dadurch aus, dass Problemlöseprozesse in intendierten Lernsituationen initiiert, begleitet und kontrolliert werden. Lernsequenzen in problembasierten Lernumgebungen müssen aus diesem Grund spezifische **didaktische Funktionen**[49] erfüllen, die an den Phasen des Lernprozesses ausgerichtet sind.

Problembasierte Lernumgebungen sind darauf ausgerichtet, Lernprozesse zu initiieren, zu unterstützen und zu fördern, motivierende Inhalte bereitzustellen sowie die Lernprozesse zu kontrollieren, den Lernenden elaboriertes Feedback über den Lernfortschritt und –erfolg zu geben und die Lernenden zur metakognitiven Kontrolle ihres Handelns anzuregen, zu befähigen und anzuleiten. Eine problembasierte Lernumgebung ist daher so zu konstruieren, dass sie die antizipierten Lernziele und Lernprozesse mit komplexen Problemstellungen initiiert, fördert und kontrolliert. Insbesondere die komplexe Problemstellung als curricularer und didaktisch-methodischer Ausgangs- und Bezugspunkt erhält eine andere Funktion als in traditionellen Lernumgebungen. In traditionellen Lernumgebungen dienen komplexe Problemstellungen zur Übung, zur Anwendung und zum Transfer des erlernten Wissens. Problembasierte Lernumgebungen hingegen verwenden komplexe Problem-

[49] Didaktische Funktionen werden in der Literatur auch als Lehr-Lernphasen oder Artikulationsstufen diskutiert (vgl. u. a. Klingberg, 1984; Bruner, 1974; Schulz, 1979; vgl. auch Achtenhagen et al., 1992, S. 101ff.).

stellungen, um in das Thema einzuführen und die intendierten Lernprozesse zu initiieren, zu begleiten und zu kontrollieren.

Die besondere Funktion, die komplexe Problemstellungen in problembasierten Lernumgebungen ausfüllen, wirkt sich auch darauf aus, wie Lernumgebungen strukturiert und sequenziert werden. Um die Ausgestaltung problembasierter Lernumgebungen durch eine informationstechnische Strukturierung zu unterstützen, werden im Folgenden pädagogische und informationstechnische Strukturierungskonzepte untersucht.

3 Strukturierung und Sequenzierung der Lernumgebung

3.1 Pädagogische Makro- und Mikrosequenzierung

Die (wirtschafts-)pädagogische Curriculumtheorie bezieht Fragestellungen der Strukturierung von Lernumgebungen zunächst auf die Auswahl und Legitimierung von Lernzielen und Lerninhalten[50]. Eigenmann (1975, S. 204) setzt Strukturierung mit Sequenzierung gleich, wenn er die didaktisch-methodische Sequenzbildung als „vorbereitende Organisation des Unterrichtsprozesses in Form einer Strukturierung der Unterrichtsinhalte, des Verhaltens und des Unterrichtsprozesses zum Zwecke der Verbesserung des Lernens" definiert. Als elaborierte (wirtschafts-)pädagogische Ansätze zur Strukturierung und Sequenzierung gelten ganzheitlich-analytische und elementenhaft-synthetische Verfahren, induktive und deduktive Unterrichtsstrategien bzw. epochale, spiralförmige oder entdecken-lassende Vorgehensweisen[51]. Eine didaktisch-methodische Strukturierung von Lernumgebungen wird unter anderem unter den Stichworten der Methodenkonzeptionen und der Mikro- bzw. Makrosequenzierung diskutiert[52].

Bei **Makrosequenzierung** handelt es sich um die „unter didaktischen Kritierien [sic!] erfolgende Strukturierung der zeitlichen Anordnung einzelner Curriculumelemente zu Kursen, Lehrgängen oder Unterrichtsreihen" (Achtenhagen et al., 1992, S. 105). Für die Makrosequenzierung erarbeiten Achtenhagen et al. mit Bezug auf Eigenmann (1975), Sievers (1984) und Dörner (1987) die Dimension **elementar-komplex**, wobei beide Begriffe als Pole eines inhaltlichen Komplexitätsniveaus aufzufassen sind. Unter elementaren Anfangssequenzen sind in diesem Zusammenhang keine atomisierten inhaltlichen Zusammenhänge sowie deren Reduktion zu einzeln dargebotenen Fakten zu verstehen. Vielmehr handelt es sich darum, eine „ganzheitliche, aber noch wenig differenzierte Vorform" zu präsentieren, um im weiteren Verlauf der Makrosequenzierung auf diese Vorform zu referieren und sie

---

[50] Vgl. Eigenmann (1975) sowie die Arbeiten um Reetz (Reetz & Seyd, 1983; 1995; Reetz, 1996; Reetz & Tramm, 2000).

[51] Eine einheitliche Begriffsverwendung sowie eine klar abgrenzbare Kategorisierung und Systematik ist nur schwer auszumachen (vgl. z. B. Klauer, 1974, S. 175ff.; 1983; Tramm & Rebmann, 1998; Lipsmeier, 2000).

[52] Vgl. für eine didaktisch-methodische Perspektive stellvertretend Achtenhagen et al. (1992), Eckert (1994) und Rauner (1999). Spezifische psychologische Fragestellungen zur Strukturierung behandeln zum Beispiel Weidenmann (1996; 1998) sowie Schnotz und Zink (1997). Einen Überblick über psychologische Forschungsergebnisse bieten Vath, Hasselhorn und Lüer (2001) und Mayer (2001).

mit Details und Zusammenhängen aus unterschiedlichen Perspektiven anzureichern und auszudifferenzieren[53].

Als Sequenzierungskriterien für eine makrosequenzielle Konstruktion von Lernumgebungen kommen in Betracht,

- die steigende Komplexität und Variation der Elemente und Beziehungen,
- multiple Perspektiven und Kontexte sowie
- (steigende) Freiheitsgrade des Lernhandelns (Achtenhagen et al., 1992, S. 110f.).

Mikrosequenzierung behandelt die didaktische Ausgestaltung der einzelnen Curriculumelemente. Sie beinhaltet eine Beschreibung derjenigen Lehr- und Lernbedingungen, die „auf optimalem Weg zu einem Ziel oder zu einem Zielkomplex führen“ (Eigenmann, 1975, S. 224). Bei der Mikrosequenzierung der Curriculumelemente gilt es laut Achtenhagen et al. (1992, S. 113), „einen didaktisch und lernpsychologisch sinnvollen Zusammenhang von Erfahrung und begrifflicher Reflexion und Systematisierung sowie schließlich der Erfahrungsprüfung herzustellen“ und in der Dimension **konkret-abstrakt-rekonkret** erfolgen zu lassen. Konkret bedeutet in diesem Zusammenhang, dass Lerninhalte an die subjektiven Erfahrungen und die erlebte Praxis der Lernenden anknüpfen. Über den Prozess der Abstraktion können Lernende „Aussagen über Zusammenhänge [...] generalisieren und schließlich auf Situationen [...] transferieren“ (Achtenhagen et al., 1992, S. 89). Weiterhin müssen Lernumgebungen die Möglichkeit zulassen und fördern, dass Lernende ihr aus konkreten Erfahrungen abstrahiertes Wissen in Erfahrungssituationen üben, anwenden und modifizieren können.

Als Sequenzierungskriterien für eine mikrosequenzielle Konstruktion von Lernumgebungen gelten

- die Phasen des Lernprozesses, die von Achtenhagen et al. (1992, S. 120ff.) in „Strukturkomponenten des Lernhandelns“[54] konkretisiert werden,
- das Wechselspiel von Erfahrung, Reflexion und Systematisierung bei der Erarbeitung der Lerninhalte sowie
- das Reflexionsniveau, mit dem die Lernenden die modellierte Lernumgebung als Erkenntnis- und Erfahrungsmodell prüfen.

[53] Vgl. Achtenhagen et al. (1992, S. 108) sowie als Beispiel für die Ausgestaltung des Rechnungswesenunterrichts die Arbeiten von Preiß (1992; 1999b; 1999a), von Preiß und Getsch (2003) sowie von Achtenhagen, Getsch und Preiß (2002).

[54] Die Strukturkomponenten des Lernhandelns sind von den Strukturkomponenten einer Lernumgebung in 4.3 zu unterscheiden. Bei den in dieser Arbeit entwickelten Strukturkomponenten einer Lernumgebung handelt es sich um materielle Bestandteile einer Lernumgebung, die Strukturkomponenten des Lernhandelns von Achtenhagen et al. hingegen beziehen sich auf Phasen des Lernprozesses.

Eine Mikrosequenzierung kann auch mit Bezug auf die mediale Präsentation erfolgen: in Anlehnung an Bruner (1974) unterscheiden Achtenhagen et al. (1992, S. 125f.) zwischen real-gegenständlicher, ikonischer und symbolischer Repräsentation des Lerngegenstands. Für didaktische Zwecke ist diese Ebene von Bedeutung, weil „die Erarbeitung von Inhalt und Struktur häufig in entscheidendem Maße durch die mediale Präsentation, durch Aspekte wie Vertrautheit, affektive Färbung, Evidenzerlebnisse u. ä. beeinflußt wird“ (Tramm, 1997, S. 63).

3.2 Mediale Präsentation der Lernsequenzen

Im pädagogischen Handlungskontext können Medien als Materialien charakterisiert werden, die zum Lernen bereitgestellt und in den jeweiligen Lehr-Lernprozessen eingesetzt werden. Weidenmann (1996, S. 319) bezeichnet (Instruktions-)Medien als Geräte, mit denen „in pädagogischen Situationen instruktionale Inhalte vermittelt werden“[55]. In dieser Definition kommen zwei Bedeutungsebenen zum Ausdruck: Zum einen handelt es sich um physikalische **Geräte** zur Eingabe, Speicherung, Ausgabe von Daten[56]. Darüber hinaus sind mit dem Einsatz der Geräte immer kommunikative Absichten verbunden, die Medien als **Träger** der jeweiligen Informationen charakterisieren[57]. In diesem Sinne sind Medien intentional und methodisch ausgestaltete Einheiten, so genannte instruktionale Botschaften.

Nach Weidenmann (1996, S. 336) sind instruktionale Botschaften „absichtsvoll codierte und strukturierte Inhalte“. Botschaften bestehen aus **Inhalten** bzw. Informationen, die zum Zweck der Kommunikation **strukturiert** werden. Die zu vermittelnden Inhalte können in verschiedenen Zeichensystemen **codiert**[58] sein. Die lernrelevante Übermittlung von Inhalten erfolgt „nicht nur durch das Gerät, sondern auch durch Codierungen (wie Sprache, Bild), durch methodische Strukturierungen und die sich daraus ergebenden Interaktionsmöglichkeiten für Lerner“ (Weidenmann, 1996, S. 326).

Struktur und Codierung der Inhalte sind aus instruktionspsychologischer Perspektive empirisch gut erforscht[59]. In Bezug auf Codierung und Struktur am umfang-

---

[55] Vgl. zum Begriff des Mediums in verschiedenen didaktischen Ansätzen Kremer (1997, S. 14ff. und S. 103ff.).

[56] Die physikalischen Geräte werden bei Computern als Hardware bezeichnet.

[57] Bei computergestützten Lernumgebungen handelt es sich um die benötigte Software.

[58] Der Begriff der Codierung wird in der Informationstechnik für die binäre Darstellung von Zeichen verwendet (vgl. Bode, 2003, S. 318ff.).

[59] Vgl. insbesondere Weidenmann (1996), Ballstaedt (1997), Vath, Hasselhorn und Lüer (2001) sowie Niegemann et al. (2004).

reichsten untersucht ist das Medium **Text**. Forschungsergebnisse beziehen sich auf Einsatzmöglichkeiten, Aufbau und Design der Texte ebenso wie auf den Aufbau mentaler Modelle beim Lesen von Texten[60]. Aber auch **Bildmedien** sind ein häufig untersuchter Gegenstand, wobei besonderes Augenmerk auf die Bildfunktionen sowie das Wechselverhältnis zwischen Bild- und Textmedien gelegt wird[61]. In den letzten Jahren ist verstärktes Interesse an **dynamischen und interaktiven**[62] **Medien** zu verzeichnen. Forschungen beziehen sich unter anderem auf die Gestaltung und den Einsatz animierter Agenten sowie Interaktionsangebote[63]. Die räumlich-zeitliche Strukturierung der Lerninhalte wird im Zusammenhang mit Computer und Internet unter dem Stichwort **Navigation**[64] diskutiert und wissenschaftlich analysiert[65].

Mediale Komponenten einer Lernumgebung werden informationstechnisch als Bestandteile von Dokumenten[66] verwaltet. Da Dokumente als Träger zweck- oder handlungsorientierter Daten aufgefasst werden können, setzt an dieser Stelle das Prinzip an, Inhalt, Struktur und Layout von Dokumenten informationstechnisch

---

[60] Vgl. insbesondere Ballstaedt Mandl, Schnotz und Tergan (1981), Kintsch (1989), Ballstaedt (1994), Dutke (1998), Clement und Yanowitz (2003), Mishra und Brewer (2003) sowie Schnotz (1997; 2002), im Zusammenhang mit dem neuen Medium Hypertext vgl. De Jong und Van der Hulst (2002), Folz, (1996), Gerdes (1997), Glowalla und Schoop (1992), Müller-Kalthoff und Möller (2000), Schnotz (1997), Swertz (2002), Tergan (1997; 2002) sowie Zumbach und Reimann (2002). Für eine problembasierte Aufbereitung vgl. Kohler (1998) und Reinmann-Rothmeier, Mandl und Ballstaedt (1996).

[61] Vgl. De Bock, Verschaffel, Van Dooren und Claes (2003), Drewniack (1992), Issing (1993), Schnotz (1993; 1997; 2002), Schnotz und Lowe (2003), Stöckl (1992), Weidenmann (1993; 1994; 1997) sowie Weidenmann, Paechter und Hartmannsgruber (1998).

[62] Interaktion bezeichnet aus sozialwissenschaftlicher Perspektive das „wechselseitig handelnde aufeinander Einwirken zweier Subjekte" (Niegemann et al., 2004, S. 109). Als Interaktivität gilt das Ausmaß, in dem eine (computergestützte) Lernumgebung Interaktionen fördert und ermöglicht (vgl. Strzebkowski, 1997; Strzebkowski & Kleeberg, 2002; Haack, 2002; vgl. auch Steppi, 1989).

[63] Für Animationen und Videos vgl. Fischer, Bruhn, Gräsel und Mandl (2000), Kittelberger und Freisleben (1994), Lowe (2003), Mayer und Anderson (1991; 1992), Weidenmann (1993), Petko und Reusser (2005) sowie Caspi, Gorsky und Privman (2005). Für multimediale Agenten vgl. Atkinson (2002), Craig, Gholson und Driscoll (2002), Lester, Converse, Stone, Kahler und Barlow (1997), Mayer (2001), Mayer, Dow und Mayer (2003) sowie Moreno, Mayer und Spires (2002). Für Interaktionen vgl. Gräsel, Mandl, Fischer, Gärtner (1994).

[64] Unter den Begriff Navigation werden nach Nielsen (1996) die Bewegungen eines Nutzers in einem Hypermediasystem gefasst (Nielsen, 1996, S. 2 und S. 243ff.; vgl. auch Haack, 2002, S. 130).

[65] Vgl. Cress und Knabel (2003), Leutner (2002), Müller-Kalthoff und Möller (2000), Strzebkowski (1997; 2002), Schulz (1998) sowie Tergan (2002).

[66] Eine Ausnahme bilden Anwendungen, auf die mit Links referiert wird.

explizit zu trennen (Schoop & Strobel, 1998, S. 8). Darauf wird im Folgenden näher eingegangen.

3.3 *Informationstechnische Strukturierung*

3.3.1 Struktur, Inhalt und Layout von Dokumenten

Dokumente sind aus informationstechnischer Sicht definiert als „eine vom System als Einheit verwaltete Informationsmenge, die der endbenutzerorientierten Darstellung dient und direkt – in Form von Metainformationen – oder indirekt – über die interne Struktur – Layoutinformationen enthält" (Mertens & Morschheuser, 1994, S. 446). Bestandteile eines Dokuments können neben statischen Texten, Abbildungen und dynamischen Animationen oder Videos auch Links auf Anwendungen und auf Internetseiten sein. Ein Dokument setzt sich aus verschieden repräsentierten Daten zusammen. Daten stellen Zeichen dar, die nach bestimmten Regeln Informationen zum Zweck der maschinellen Verarbeitung repräsentieren (Schraml, 1997, S. 66; Rothfuss & Ried, 2001, S. 10). Informationstechnisch lassen sich Daten in strukturierte, semistrukturierte und unstrukturierte Daten unterteilen. Als strukturiert gelten Daten, wenn sie in Datenbanken listenartig aufgebaut sind. Semistrukturiert sind Daten, wenn sie eine hierarchische Struktur besitzen, aber nicht listenartig aufgebaut sind. Zu den unstrukturierten Daten zählen alle Daten, deren interne Struktur (noch) nicht verwaltet werden kann (Rothfuss & Ried, 2001, S. 11).

Strukturierte Daten werden mit Datenbanksystemen verwaltet[67]. Datenbanken basieren auf dem Konzept der Tabelle. Im Gegensatz dazu stehen semistrukturierte Daten in Dokumenten in einem (Kon-)Text (Lobin, 2000, S. 3). Daten gewinnen erst kontextabhängig eine spezifische Bedeutung, denn ein „isoliertes Einzeldatum verfügt über keinen Informationswert. Nur im Zusammenhang mit weiteren Daten und Informationen, die nicht immer formal gespeichert sein müssen, ist das Einzeldatum interpretierbar „ (Schraml, 1997, S. 66).

---

[67] Zur klassischen Datenverarbeitung zählen folgende Funktionen:

- Suchen (Identifizieren, Vergleichen, Auswählen),
- Neustrukturieren (Klassifizieren, Anordnen),
- Kombinieren (Sortieren, Filtern),
- Bearbeiten (Speichern, Vervielfältigen, Versionieren) sowie
- Kommunizieren (Austauschen) mit anderen Programmen.

Semistrukturierte Daten wurden bisher inhaltlich bzw. strukturell nicht näher analysiert und als Einheit mit ihrem Trägermedium Dokument behandelt. Die zur Verwaltung von Dokumenten eingesetzten herkömmlichen Dokumenten Management Systeme bieten keine Unterstützung für Zugriffe auf die in den Dokumenten enthaltenen semistrukturierten Daten. Zur Verwaltung semi- und unstrukturierter Daten ist es daher nur möglich, diese Daten mit Metadaten auszuzeichnen. Unter Rückgriff auf Metadaten können unterschiedliche Systeme bzw. Anwendungen Daten verwalten (Dippold, Meier & Ringgenberg, 2001).

Zurzeit vollzieht sich in der systemtechnischen Verwaltung semistrukturierter Daten ein Wandel, da versucht wird, Prinzipien der Organisation strukturierter Daten auf die Organisation semistrukturierten Daten zu übertragen[68]. Dazu nutzt die Informationstechnik das Konzept zur Trennung von Struktur, Inhalt und Layout, mit dem Dokumente informationstechnisch auf drei verschiedenen Ebenen beschrieben werden[69].

> „Dokumente als Informationsträger lassen sich mehrfach strukturieren. Sie bestehen aus einzelnen Inhaltskomponenten (logische Struktur), für die visuelle Nutzung aufbereitete Komponenten (Layout-Struktur) sowie in jüngster Zeit immer mehr auch aus aktiven Elementen, die bei Aufruf entsprechende Anwendungsprogramme zur Weiterverarbeitung anstoßen (Verarbeitungsstruktur)." (Schoop & Strobel, 1998, S. 8).

Abbildung 5 auf der folgenden Seite verdeutlicht die drei Ebenen von Struktur, Inhalt und Layout in einem Dokument.

Inhalte stellen aus informationstechnischer Sicht die zu verwaltenden Einheiten dar. Multimediale Inhalte liegen entweder als statische (diskrete) oder als dynamische (kontinuierliche) Daten vor. Zu den statischen Daten zählen Abbildungen oder Texte. Dynamische Daten, insbesondere Animationen, Video- und Audiosequenzen sowie Simulationen, sind zeitabhängig und eignen sich daher ausschließlich für die elektronische Präsentation (CD-ROM oder Internet).

Der jeweilige Inhalt bzw. Dokumentteil steht in spezifischer Beziehung zu anderen Dokumentteilen und hat charakteristische Funktionen. Die Beziehungen zwischen den Dokumentteilen machen die **Struktur** des Dokuments aus[70]. Die Struktur bzw. der Aufbau eines Dokuments liefert den Nutzern Hinweise auf die Semantik bzw.

---

[68] Dadurch kann die Verwaltung semistrukturierter Daten mit Content Management Systemen (CMS) unterstützt und automatisiert werden. Zur Funktion und zur Nutzung von CMS in diesem Zusammenhang vgl. Kartchner (1998), Schuster und Wilhelm (2000), Gersdorf (2000), Schramm (2001), Rothfuss und Ried (2001), Gersdorf und Schoop (2001), Gersdorf, Jungmann und Schoop (2002) sowie Busse (2003). Für den Einsatz von CMS zur Verwaltung von Lerninhalten vgl. Gersdorf (2003), Gersdorf und Schoop (2003) sowie Baumgartner (2004).

[69] Die Affinität zu den drei Ebenen instruktionaler Botschaften ist deutlich erkennbar (vgl. 3.2).

[70] So werden komplexere Texte in der Regel in Kapitel, Unterkapitel und Absätze gegliedert. Überschriften leiten neue Kapitel ein, Nummerierungen und Aufzählungen sorgen für eine Gliederung und Reihenfolge einzelner Abschnitte usw.

den Kontext, in dem die Inhalte stehen. Die Nutzer, im Fall von Lernumgebungen die Lernenden, erhalten Informationen über die Reihenfolge der Elemente, deren Stellung in der Lernsequenz, die Häufigkeit der Elemente sowie deren didaktisches Umfeld.

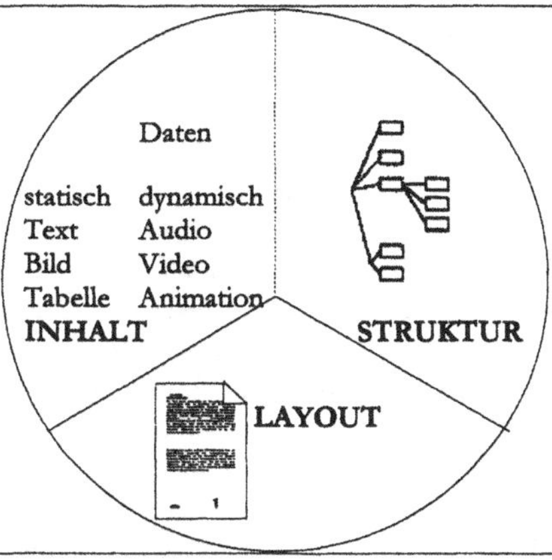

Abbildung 5: Inhalts-, Struktur- und Layoutebene eines Dokuments (in Anlehnung an Schraml, 1997, S. 70)

Strukturelle Beziehungen von Dokumenten werden durch Formatierungen bzw. durch das **Layout** optisch gekennzeichnet[71]. Das Aussehen bzw. das Layout eines Dokuments gibt den Nutzern Informationen über die Struktur des Dokuments. Der Charakter von Formatierungen, d. h. deren Strukturbestandteile sowie zum Teil auch des Layouts, ist zum Teil per Konvention festgelegt[72].

Beim Erstellen eines Dokuments setzen Autoren inhaltliche Bestandteile zueinander in Beziehung. Durch die Strukturierung sowie deren Umsetzung in Formatierungen geben die Autoren den Lernenden **semantische Informationen** über den Inhalt. Autoren gestalten semantische Beziehungen als Reihenfolgen und Bedingungen[73]. Die Beziehungen zwischen den Dokumentteilen werden durch Layout-Formatierungen kenntlich gemacht. Beim Rezipieren des Dokuments schließen die Lernenden vom Aussehen des Dokuments auf dessen Aufbau. Über die Struktur bzw. den Aufbau des Dokuments erhalten die Lernenden semantische (Meta-)Informationen über die Inhalte. Methoden der klassischen Dokumentenverarbeitung weisen Semantik allein über das Layout zu. Folgende Nachteile kennzeichnen diese Art der Auszeichnung:

[71] Zum Beispiel werden Überschriften der ersten Gliederungsebene fett, die der zweiten Ebene kursiv dargestellt, Schlagworte und Glossarbegriffe werden kursiv oder durch Fettdruck hervorgehoben.

[72] Vgl. zum Beispiel Layout-Vorschriften von Verlagen für Publikationen.

[73] Einer Kapitelüberschrift muss zum Beispiel ein Absatz oder eine Unterüberschrift folgen.

- Autoren weisen den Dokumenten implizit und oft eher unbewusst eine Dokumentstruktur über die Formatierung zu.
- Die unbewusste Zuweisung birgt gerade bei komplex strukturierten Dokumenten die Gefahr, dass Formatierungen nicht einheitlich erfolgen oder dass eine inkonsistente Struktur zugewiesen wird.
- Semantische Informationen, die über das Layout zugewiesen sind, können maschinell nicht verarbeitet werden.

Zur Konstruktion problembasierter Lernumgebungen wird eine flexibel erweiterbare Sprache benötigt, die semantische Auszeichnungen und damit kontextabhängiges Navigieren und dynamisches Systemverhalten ermöglicht. Aus informationstechnischer Sicht erscheint die für die meisten herkömmlichen Lernumgebungen genutzte Sprache Hyper Text Markup Language (HTML) als ungeeignet zur Abbildung semantischer Informationen und damit auch zur Konstruktion situierter und strukturierter Lernumgebungen (vgl. Jungmann et al., 2002, S. 5f.)[74]. Mit Hilfe der eXtensible Markup Language (XML) hingegen können semistrukturierte Daten informationstechnisch so strukturiert werden, dass eine semantische Auszeichnung unabhängig von der Verarbeitung der Layoutvorschriften maschinell möglich wird.

3.3.2 XML als informationstechnische Grundlage zum Strukturieren von Dokumenten

Die Grundlagen von XML wurden bereits Ende der 1960-er Jahre mit der Entwicklung der Generic Markup Language (GML) gelegt[75]. Seitdem besteht mit GML die Möglichkeit, Informationen auf Grund ihrer inneren Abhängigkeiten und Funktionen informationstechnisch zu modellieren und zu verarbeiten. 1986 wurde der Standard Generic Markup Language (SGML) als internationaler Standard ISO 8879 verabschiedet. SGML ermöglicht es, Daten „ausschließlich auf der Grundlage ihrer inneren Gesetzmäßigkeiten und ihrer Funktion zu modellieren und zu verarbeiten" (Lobin, 2000, S. 1). Gegenüber den üblichen proprietären Speicherungsformen von Dokumentinhalten bestehen laut Schoop (1997, S. 4) folgende Vorteile von SGML:

> „Zunächst einmal besitzen wir mit SGML ein international standardisiertes Archivierungsformat, welches im Gegensatz zu proprietären Lösungen langfristige Sicherheit, Plattformunabhängigkeit und vor allen Dingen eine anwendungsspezifische, freie Definierbarkeit verspricht. Durch die inhalts- und strukturorientierte Auszeich-

---

[74] HTML wurde entwickelt, um eine einfache Beschreibungssprache zur Präsentationen von Web-Seiten zur Verfügung zu stellen. HTML weist keine semantischen Informationen aus, sondern beschreibt lediglich, wie die Daten präsentiert werden.

[75] XML wurde Anfang 1998 vom World Wide Web Consortium (W3C) in der Fassung 1.0 verabschiedet (Lobin, 2000, S. 2; W3C, 2004).

> nung der Dokumente wird ihre Modularisierung ermöglicht, es kann also auf Teilausschnitte komplexer Dokumente direkte zugegriffen werden. Die Verwaltung in handelsüblichen Datenbanksystemen und die darauf aufbauende automatisierte Verarbeitung der Dokumente mit den Zielen der Klassifikation, der automatischen Inhaltsinterpretation sowie der Verknüpfung verschiedener Dokumentinstanzen (Versionenverwaltung, Mehrsprachigkeit, zielgruppenorientierte Inhaltsaufbereitung) wird somit möglich."

Eine Verbreitung dieses Ansatzes erfolgt allerdings erst durch XML, einer Teilmenge von SGML bzw. einem vereinfachten SGML-Nachfolger[76]. SGML ist

> „nicht nur kompliziert, sondern auch formal so komplex [...], dass Online-Anwendungen Schwierigkeiten bekommen, ihre Verarbeitung in akzeptabler Zeit durchzuführen. [...] Das Hervortreten dieser Unzulänglichkeiten von SGML für Zwecke der Online-Anwendung war der Ursprung der *Extensible Markup Language* (XML) [...]." (Lobin, 2000, S. 2).

Neben XML als Meta-Auszeichnungssprache existieren so genannte Co-Standards, die auf dem XML-Konzept basieren und darauf aufbauend spezifische Aufgabenfelder abdecken, zum Beispiel Formatierungen mit XSL[77] oder Verknüpfungen mit Xpointer[78] (vgl. Abbildung 6).

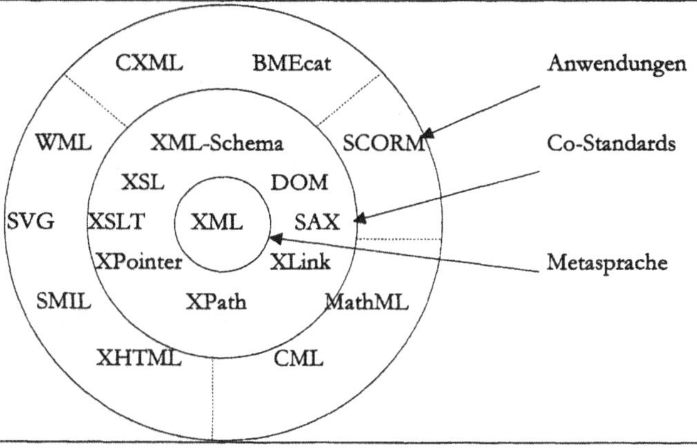

Abbildung 6: Die Metasprache XML, deren Co-Standards und Anwendungen (Jungmann et al., 2004b, S. 6)

[76] Für eine detaillierte Gegenüberstellung von SGML und XML sei auf Lobin (2000, S. 70ff.) verwiesen.

[77] XSL (XML Stylesheet Language) ist eine Anwendung, die XML-Dokumente automatisch formatiert.

[78] Xpointer dient der anwendungsunabhängigen Definition von Querverweisen in und zwischen XML-Dokumenten.

XML als Meta-Auszeichnungssprache bietet die Möglichkeit, andere Sprachen zu definieren. Solche Sprachen, zum Beispiel SVG[79] oder SMIL[80] werden häufig als XML-Anwendungen bezeichnet.

XML wird vor allem dafür benutzt, diejenigen Daten zu definieren, die zwischen verschiedenen Systemen und Applikationen ausgetauscht werden müssen. Die Anwendungsmöglichkeiten von XML reichen vom Dokumentenmanagement über die effiziente Gestaltung von Internet-Applikationen bis hin zur Unterstützung des Datenaustauschs im Rahmen der Enterprise Application Integration (vgl. Anders, Jungmann & Schramm, 2002; Jungmann, Petzoldt, Wirth, Klauser & Schoop, 2004b).

Die Strukturierung von Dokumenten wird bisher vor allem in Bereichen der technischen Dokumentation, insbesondere zur Erstellung von Benutzerhandbüchern und zur Dokumentation von Bearbeitungsschritten[81] sowie bei der Erstellung und Verwaltung elektronischer Wörterbücher[82] diskutiert und angewandt.

Mit XML existiert ein informationstechnischer Ansatz, Daten innerhalb elektronischer Dokumente zu kennzeichnen und somit maschinell auswertbar und verarbeitbar zu gestalten. Eine Beschreibung der Struktur von Lernumgebungen mit XML nutzt den grundlegenden Gedanken von XML, Daten auf Grund ihrer Funktion und ihres Aufbaus zu verwalten und zu verarbeiten. Die Möglichkeiten, die der XML-Ansatz zur Beschreibung der Struktur von Dokumenten bietet, werden im Folgenden erläutert.

3.3.3 Aufbau von XML-Strukturen in DTDs

XML ermöglicht es, Informationen bzw. Inhalte als Teile von Dokumenten innerhalb einer spezifischen Struktur anzuordnen. XML-Anwendungen sind wie folgt zu charakterisieren (Lobin, 2000, S. 4):

- „Eine XML-/SGML-Anwendung gibt an, was für Typen von abstrakten und konkreten Informationseinheiten es gibt, gibt ihnen Namen zur eindeutigen Identifizierung und spezifiziert [...] weitere Beschreibungsmerkmale.
- Diese Informationstypen werden durch Regeln miteinander in Beziehung gesetzt.

[79] SVG (Scalable Vector Graphic) ermöglicht XML-Abbildungen von Vektorgrafiken im Internet (Cagle, 2005, p. 21).

[80] SMIL (Synchronized Multimedia Integration Language) dient als Beschreibungssprache für die synchronisierte Präsentation von Multimediaobjekten (Goetz, 2000, S. 89).

[81] Vgl. zum Beispiel Schoop (1997; 1998) und Anders (2003).

[82] Vgl. zum Beispiel Haß-Zumkehr (2001), Storrer (2001) sowie Büchel und Schröder (2001).

- Diese Regeln werden zu einer Grammatik zusammengefasst.
- Reale Informationseinheiten werden mit diesen Typen in Beziehung gesetzt und in Baumform angeordnet."

Lobin (2000, S. 4) weist darauf hin, dass „[s]trukturierte Information [...] nichts anderes als die regelgeleitete Anordnung von Informationseinheiten [ist], genauso wie wir korrekt strukturierte Sätze als regelgeleitete Anordnung von Wörtern verstehen können". In XML-Strukturen werden dokumentenweit einheitlich diejenigen Vorgaben festgelegt, die die Beziehungen der einzelnen Bestandteile untereinander und deren Position im gesamten Lehrgang widerspiegeln. Dazu wird mit Hilfe von Markups[83] deklariert, welche Tags[84] im Dokument existieren dürfen und wie diese geschachtelt sind. Die Struktur von XML-Dokumenten wird in **Document Type Definitions**[85] (DTDs) oder **XML-Schema** umgesetzt[86]. DTDs dienen Autoren als Vorlage zum Erstellen neuer Dokumente (vgl. Goldfarb & Prescod, 2000). Mit XML ist es möglich, „in Orientierung an konkrete Anwendungskontexte Dokumentklassen im Sinne von Dokumenttypdefinitionen (DTDs) zu definieren, denen dann die auftretenden Dokumentinstanzen (Einzeldokumente) zugeordnet werden können" (Schoop, 1997, S. 4).

Das optische Erscheinungsbild des gesamten Lehrgangs dagegen wird in so genannten **Stylesheets**[87] festgelegt. In einem getrennten Schritt lässt sich nachträglich dokumentenweit einheitlich das Layout über entsprechende Anwendungen (zum Beispiel XSL) zuweisen (vgl. Jungmann et al., 2004b). Vorgaben, die aus informationstechnischer Sicht nicht in DTDs oder Stylesheets umgesetzt werden können, aus didaktischer Sicht aber wichtige Handlungsanleitungen für die Autoren darstellen, werden in **Richtlinien** umgesetzt. Sie enthalten mediendidaktische Hilfestellungen zur Kombination von Bildern und Texten oder geben stilistische Empfehlungen beim Formulieren von Texten.

DTDs werden dem Dokument als Datei zugeordnet. In der Datei befinden sich „alle für dieses Dokument notwendigen Element-, Attribut-, Notations- und Entitäten-Deklarationen" (Lobin, 2000, S. 46). Dokumente, die die Kriterien der DTDs berücksichtigen, werden valide bzw. gültig genannt. DTDs bilden die informationstechnische Grundlage für Autoren, ihre Inhalte als XML-Dokumente zu erstellen.

---

[83] Ein Markup ist ein informationstechnisches Identifizierungszeichen (Goetz, 2000, S. 90).

[84] Unter einem Tag wird informationstechnisch eine in spitzen Klammern eingeschlossene Markierung verstanden, die die Elemente eines Dokuments begrenzt (vgl. Balzert, 2000, S. 980).

[85] In deutschen Publikationen findet sich der englischsprachige Ausdruck Document Type Definition ebenso wie die Übersetzung durch Dokumenttypdefinitionen.

[86] Im Folgenden wird in Anlehnung an das Projekt IMPULS[EC] von DTDs ausgegangen.

[87] Ein Stylesheet bestimmt das Layout der zugrunde liegenden Dokumente: Schriftart, -type, -größe und Farbe werden ebenso fixiert wie Aufteilung der Seiten oder Platzierung der Elemente.

XML-Dokumente bestehen aus verschiedenen Informationseinheiten, die in zwei Gruppen unterteilt werden. Zum einen existieren konkrete Daten, zum anderen abstrakte Einheiten, die Daten gruppieren oder ihnen Funktionen zuordnen. Abstrakte Einheiten werden in XML als **Elemente** bezeichnet. Elemente bestehen aus einem Start-Markup und einem End-Markup, zwischen denen sich im XML-Dokument der Inhalt des Elements (z. B. weitere Elemente, eine Referenz oder konkrete Daten) befindet. Elemente werden wie folgt differenziert (Lobin, 2000, S. 9ff.):

- Daten-Elemente,
- leere Elemente und
- Container-Elemente.

Daten-Elemente enthalten konkrete Daten und beschreiben deren Funktion über Element-Deklarationen. Durch Element-Deklarationen werden Informationen nicht direkt ausgedrückt, es sind „strukturelle Informationen" (Lobin, 2000, S. 10). **Leere Elemente** zeigen das Vorhandensein von Informationseinheiten bzw. die Existenz einer unveränderlichen Information an, bestehen jedoch weder aus Daten noch aus Elementen. Leere Elemente werden genutzt, um Dateien anderer Anwendungen einzubinden. **Container-Elemente** organisieren andere Elemente durch ein so genanntes Inhaltsmodell. Im Inhaltsmodell werden „zum einen Angaben darüber gemacht, welchen Status die einzelnen Elementtypen haben, zum anderen werden die Elemente zueinander in Beziehung gesetzt" (Lobin, 2000, S. 10). Der Status gibt über folgende Eigenschaften der Elemente Auskunft:

- das Vorkommen von Elementen (Pflichtelement oder optionales Element),
- die Häufigkeit,
- die Abfolge sowie
- das alternative Vorkommen mehrerer Elemente.

Insgesamt sind in XML vier verschiedene Statuszustände von Elementen möglich:

a	→	a muss genau einmal auftreten
a?	→	a kann einmal auftreten oder auch weggelassen werden
a+	→	a muss mindestens einmal, kann aber beliebig oft auftreten
a*	→	a kann einmal oder beliebig oft auftreten, oder auch weggelassen werden

Zur Festlegung der Beziehungen der Elemente zueinander können in XML folgende Konnektoren verwendet werden:

a, b	→	b folgt auf a
a | b	→	entweder a oder b

Mit diesen Konnektoren werden zwei grundsätzliche Beziehungen zwischen Elementen abgebildet: Sequenzbildungen bzw. Reihenfolgen sowie Über- bzw. Unterordnungen (Lobin, 2000, S. 10f.). Die Zusammenhänge der Elemente als Informationseinheiten werden in einer **Baumstruktur** abgebildet, bei der es auf oberster Ebene ein Wurzelelement gibt, das den Text als Ganzes repräsentiert. Die Elemente darunter „repräsentieren die Teile, aus denen sich der Text auf oberer Ebene zusammensetzt, und diese Zerteilung wird solange fortgesetzt, bis man auf der Ebene der elementaren Texteinheiten angelangt ist" (Lobin, 2000, S. 4).

Für die Beschreibung der Eigenschaften von Elementen können Zusatzinformationen über **Attribute** definiert werden, die es erlauben, „von Informationseinheiten eines bestimmten Typs in einem Baum Teilmengen zu bilden. Eine solche Teilmengenbildung ist immer dann sinnvoll, wenn sie Auswirkungen auf die weitere Verarbeitung oder Darstellung im Baum hat" (Lobin, 2000, S. 34). Beispielsweise kann durch die Angabe eines Attributs *Schlüsselwörter* ein Element *Kurs* näher spezifiziert werden. Es handelt sich also um „Meta-Information, die ein diesen Datentyp verarbeitendes Hilfsprogramm nutzen soll" (Lobin, 2000, S. 35). Die Daten, die in Attributen angegeben werden, können eingeschränkt werden. So kann zum Beispiel ein Autor für ein Element *Lernziel* über ein Attribut (nur) wählen, ob es sich um ein *kognitives*, *affektives* oder *psychomotorisches* Lernziel handelt, aber keine selbst gewählte Bezeichnungen einfügen.

Neben Elementen und Attributen können DTDs **Entities** aufweisen. Entities beinhalten eine Zeichenmenge, die als Einheit zusammengefasst und in der DTD bzw. im XML-Dokument über einen eindeutigen Namen als Textersatz verwendet werden. Entities bestehen aus einer in die DTD eingebundenen Entity-Referenz und der externen Entity bzw. dem Referenzziel. Die Verwendung von Entities in XML erlaubt die nichtlineare Organisation von Dokumentbestandteilen. Ein Prozessor, der XML-Dokumente verarbeitet, ersetzt die Entity-Referenz durch das Entity selbst und reorganisiert das Dokument in einer informationstechnisch verarbeitbaren linearen Struktur.

Da für jede DTD ein eigenes Inhaltsmodell gebildet wird, lassen sich komplexe Eigenschaften, Bedingungen und Regeln abbilden, die zu einer aktiven Unterstützung der Autoren im Erstellungs- und Überarbeitungsprozess beitragen. Das Einbinden von Entities in eine DTD ermöglicht unter anderem, eine Gesamt-DTD in mehrere kleinere DTDs zu teilen und die Teil-DTDs über Entity-Referenzen in die Gesamt-DTD einzubetten. Ziel ist vor allem eine bessere Übersichtlichkeit für den Programmierer sowie eine bessere informationstechnische Bearbeitbarkeit der einzelnen Teilstrukturen für das verarbeitende System.

3.3.4 Eignung des XML-Ansatzes zur Strukturierung problembasierter Lernumgebungen

Mit XML können DTD-Elemente semantisch so modelliert werden, dass sie die jeweiligen Daten aufgrund ihrer Funktion abbilden. Schraml (1997) unterscheidet zur semantischen Modellierung von DTDs inhaltsorientierte und strukturorientierte Sequenzierungshierarchien. Unter strukturorientierte Beziehungen fallen Über- bzw. Unterordnungen, Reihenfolgen, Zuordnungen und Gruppierungen. Inhaltsorientierte Beziehungen geben den Nutzern semantische Informationen über den Inhalt der Elemente. Eine **strukturorientierte Hierarchie** ist anwendungsunabhängig. Typische Elemente wären z. B. Kapitel mit Absätzen, Gliederungen, Nummerierungen, Aufzählungen oder Tabellen, die unabhängig von Textsorte und fachlichen Inhalten als strukturgebende Elemente eingesetzt werden können. Eine DTD mit **inhaltsorientierter Hierarchie** dagegen erhält ihre Struktur in Abhängigkeit von den jeweiligen Anwendungsinhalten. Die Spezifität der jeweiligen inhaltsorientierten Strukturen sowie das Vorgehen zur Entwicklung inhaltsbezogener Elemente werden auch in der Informationstechnik bisher kaum thematisiert.

Der große Vorteil der Beschreibung einer Struktur mit XML besteht darin, Daten funktionsbezogen abbilden zu können. Die Funktion einzelner Bestandteile einer Lernumgebung leitet sich aus dem Ziel bzw. der Intention der Lehr-Lernprozessgestaltung ab. Ziel der Konstruktion und Implementation von Lernumgebungen ist das Initiieren, Begleiten, Fördern, Unterstützen und Kontrollieren von Lernprozessen. Zu diesem Zweck werden Lerngegenstände curricular und didaktisch-methodisch zu Lerninhalten bzw. Lernobjekten aufbereitet (vgl. 2.2). Die Strukturierung einer Lernumgebung mit XML orientiert sich aus diesem Grund primär an der Struktur der antizipierten Phasen des Lernprozesses und weniger an der Struktur der Lerngegenstände. Die inhaltsorientierte Sequenzierungshierarchie von Schraml muss aus diesem Grund für die Konstruktion von Lernumgebungen als **funktionsorientiert** interpretiert und auf die intendierten Lehr-Lernprozesse bezogen werden[88].

Mit XML ist es möglich, Dokumente in unterschiedliche Elemente zu zerlegen sowie den Elementen verschiedene Status, Attribute und Beziehungen zueinander zuzuweisen. Aus der Zuweisung entsteht eine Struktur, in der jedes Element eine spezifische Position und spezifische Eigenschaften besitzt. Diese Informationen, die so genannte **Metadaten**, nutzt der Computer dazu, die Elemente der Struktur weiter zu verarbeiten.

Metadaten dienen zur Indizierung und Katalogisierung von Elementen mit dem Ziel, computergestützte Suchvorgänge zu unterstützen und zu effektivieren. Bei

---

[88] In Lernumgebungen können Merksätze, Beispiele, Systematiken oder Übungsaufgaben funktionsorientiert strukturierte Elemente darstellen.

Metadaten kann es sich sowohl um Informationen über die Inhalte als auch über den Konstruktionsprozess handeln, aber auch rechtliche und technische Aspekte können abgebildet werden[89]. In der Informationstechnik existieren vielfältige Versuche, Metadaten zu standardisieren, um über Standards eine Vergleichbarkeit und Kompatibilität der jeweiligen Inhalte zu erreichen[90].

Zur Unterstützung computer- und internetbasierter Lehr-Lernprozesse wird XML verstärkt eingesetzt, um die Metadaten der konstruierten Lernobjekte zu beschreiben (vgl. Lucke & Wiesner, 2002, S. 211). Bei der Entwicklung einer Struktur von Lerninhalten mit XML wird aus informationstechnischer Perspektive (durchaus mit pädagogischer Unterstützung) danach gestrebt, „pädagogikfreie" Elemente einer Lernumgebung zu definieren. Die didaktischen Aspekte dieser Elemente werden in einem getrennten Schritt mit Metadaten möglichst vollständig abzubilden versucht. Die Metadatenvergabe beschränkt sich in bisherigen informationstechnischen Umsetzungen zum großen Teil auf die Kennzeichnung der Lerninhalte für verschiedene Niveaus[91] oder auf die Modellierung unterschiedlicher Ausgabeformate für nicht näher definierte Rollen im Lehr-Lernprozess[92]. Die integrative Anwendung von XML im Zusammenhang mit einer pädagogischen Strukturierung von Lernumgebungen (im Sinne einer Makro- und Mikrosequenzierung) wird bisher aus pädagogischer und informationstechnischer Perspektive kaum thematisiert. Das Potenzial, das XML aus pädagogischer Perspektive bietet, wird damit nicht hinreichend ausgeschöpft. An diesem Defizit setzt die vorliegende Arbeit an.

Aus pädagogischer Perspektive ist ein theoretisch unterlegtes und empirisch geprüftes Konzept zur Gestaltung der Lehr-Lernprozesse notwendig, das Lerninhalte curricular, didaktisch-methodisch und medial pädagogisch konsistent aufbereitet. Dieses Konzept ist in informationstechnische Strukturvorgaben umzusetzen. Der Einsatz von XML ermöglicht den Autoren, strukturelle Informationen der Lernumgebung für die Lernenden konsistent und widerspruchsfrei zu kennzeichnen. Mit XML kann das gewünschte Layout vergeben werden, indem auf die pädagogisch akzentuierte Struktur des zugrunde liegenden Dokuments referiert wird. Eine

[89] Mögliche Beispiel für inhaltsbezogene Metadaten sind die Stellung und Funktion der jeweiligen Elemente im Lehr-Lernprozess, Bezüge zu anderen Elementen, Bezüge zu Modellunternehmen sowie Aussagen über den Lerngegenstand. Beispiele für Metadaten über den Konstruktionsprozess spezifizieren die Aktualität der Inhaltserstellung, Aussagen über die Ersteller oder das Erstelldatum. Rechtliche Aspekte betreffen zum Beispiel das Copyright der Autoren und technische Aspekte die benötigte Speicherkapazität. Vgl. Jungmann (2003; 2005), Lucke und Wiesner (2002), Allert, Richter und Nejdl (2003), Pawlowski und Adelsberger (2001) sowie Pawloswki (2002).

[90] Vgl. als Standards Sharable Content Object Reference Model (SCORM) im Rahmen des Projekts ADL (2005) oder Learning Objects Metadata (LOM) des IEEE (2002).

[91] Dabei wird zum Teil zwischen Anfänger, Fortgeschrittenen und Experten differenziert.

[92] Zum Beispiel erfolgt die Ausgabe für Lehrende mit einem Zusatz für didaktische Hinweise, die Ausgabe für Lernende mit einem Zusatz für Hilfestellungen.

Beschreibung der Struktur mit XML ermöglicht über die explizite Zuweisung von Metadaten hinaus, Lerninhalte in Curriculumeinheiten bzw. Module zu zerlegen, die einzelnen Module in didaktisch-methodische Komponenten mit spezifischen Funktionen im Lehr-Lernprozess aufzuteilen sowie Module und Komponenten mit spezifischen Eigenschaften zu versehen.

Eine **explizit pädagogische Analyse von Struktur, Inhalt und Layout einer Lernumgebung** bildet die Grundlage dafür, Lernumgebungen sowie deren Bestandteile, insbesondere komplexe Problemstellungen als curricularen und didaktisch-methodischen Ausgangs- und Bezugspunkt der intendierten Lernprozesse, pädagogisch-technisch integrativ zu strukturieren und auf der Layout-Ebene gesondert zu kennzeichnen. Ergebnis dieser Analyse ist eine DTD-Struktur, die die jeweiligen Autoren zur Erstellung problembasierter Module und Komponenten benötigen und die die einzelnen Strukturkomponenten sowie deren Eigenschaften und Beziehungen zueinander informationstechnisch abbildet.

Um die Möglichkeiten, die eine informationstechnische Trennung von Struktur, Inhalt und Layout bietet, für die Gestaltung der Struktur zu nutzen, kommt es bei der Konstruktion einer DTD-Struktur für problembasierte Lernumgebungen darauf an, diejenigen Bestandteile bzw. Faktoren zu identifizieren, die der Intention problembasierter Lehr-Lernprozessgestaltung entgegenkommen und die entsprechende didaktische Funktionen übernehmen können. Dazu wird im Folgenden zunächst das interdisziplinäre Vorgehen beim Modellieren der DTD konkretisiert, anschließend werden didaktisch akzentuierte Typen von DTD-Elementen entwickelt und die DTD-Elementtypen in das integrative Strukturmodell generativen Problemlösens überführt, das informationstechnisch in XML abgebildet und in einer DTD umgesetzt wird.

4 Integrative Konzeption zur Konstruktion problembasierter Lernumgebungen

4.1 Vorgehen bei der DTD-Modellierung

Die Vorgehensweise bei der Entwicklung einer DTD ist in der informationstechnischen Literatur kaum dokumentiert. Im Projekt IMPULS^{EC} wurden Dokumentstrukturen auf Basis des Document Engineering entwickelt[93]. Bereits bei der Modellierung von DTD-Elementen sind alle beabsichtigten Verwendungsmöglichkeiten zu antizipieren. Ansonsten besteht die Gefahr, dass Autoren Lerninhalte in einer DTD umzusetzen versuchen, die dafür ungeeignet ist[94].

Bei der Entwicklung von DTD-Elementen zur Strukturierung von Lerninhalten können drei Schritte unterschieden werden. Bei einem integrativen Vorgehen, das pädagogische sowie informationstechnische Aspekte gleichermaßen berücksichtigt, werden **in einem ersten Schritt** aus dem pädagogischen Gesamtkonzept unter Berücksichtigung des Anwendungskontextes curriculare, didaktisch-methodische und mediale Strukturkomponenten[95] erarbeitet. Diese Strukturkomponenten werden informationstechnisch auch als potenzielle semantische Komponenten bezeichnet. Die ermittelten potenziellen semantischen Komponenten werden **in einem zweiten Schritt** interdisziplinär spezifiziert. In diesem Schritt wird insbesondere entschieden, welche der curricularen, didaktisch-methodischen und medialen Strukturkomponenten sich mit Hilfe von XML in DTD-Elemente umsetzen lassen. Die Menge der pädagogisch akzentuierten Strukturkomponenten wird in diesem Schritt reduziert auf die Menge der informationstechnisch abbildbaren DTD-Elemente[96]. **In einem dritten Schritt** erstellen Autoren mit der interdisziplinär konstruierten DTD die in den jeweiligen Situationen eingesetzten Lernumgebungen oder – informationstechnisch ausgedrückt – Instanzen des problembasierten Dokumenttyps. Diese drei Schritte werden im Folgenden näher erläutert.

---

[93] Vgl. für das Vorgehen beim Document Engineering Schoop (1997; 1998) sowie für das interdisziplinäre Vorgehen im Projekt IMPULS^{EC} Jungmann, Petzoldt, Wirth, Klauser und Schoop (2004b, S. 12f.).

[94] Dieses Phänomen wird in der informationstechnischen Literatur unter dem Stichwort Tag Abuse Syndrom diskutiert (Lobin, 2000, S. 85).

[95] Bei Strukturkomponenten handelt es sich in der vorliegenden Arbeit um strukturiert aufbereitete Bestandteile einer Lernumgebung in Abgrenzung zu den bei Achtenhagen et al. ermittelten „Strukturkomponenten des Lernhandelns", die auf Phasen des Lernhandelns als menschliche Aktivität abzielen (Achtenhagen et al., 1992, S. 120ff.).

[96] Eine Übersicht über die potenziellen semantischen Komponenten und deren informationstechnische Beschreibung der DTD-Elemente befindet sich im Anhang.

Das Vorgehen bei der Erarbeitung **pädagogisch akzentuierter Strukturkomponenten** kann wie folgt beschrieben werden[97]: Zunächst wird der curriculare und modulare Aufbau des Lehrgangs festgelegt, der den Lernsequenzen zugrunde liegen soll. Anschließend werden die Bestandteile der künftigen Lernumgebung als Strukturkomponenten festgelegt und im Hinblick auf ihre Struktur sowie ihre typischen Merkmale und Eigenschaften klassifiziert. Schließlich wird bestimmt, welche Möglichkeiten berücksichtigt werden sollen, die einzelnen didaktischen Komponenten medial zu präsentieren. Die Entwicklung pädagogisch akzentuierter Strukturkomponenten ist ein Teilprozess der Planung und Konstruktion von Lernumgebungen. Dementsprechend handelt es sich um einen intentionalen, didaktisch-methodischen Prozess der Inhaltserstellung, der **phasenweise iterativ und zyklisch** konkretisiert werden kann[98].

Pädagogische Fragestellungen bei der Konstruktion von Lernumgebungen beziehen sich unter anderem darauf[99],

- welche Struktur bzw. welcher Aufbau allen Lernangeboten zugrunde liegt,
- welche Bestandteile und Komponenten die Lernenden später in welcher Weise verwenden können bzw. müssen,
- ob sich die Komponenten auf die Anwendungs- oder auf die Lernsituation beziehen und inwieweit die Komponenten voreinander abhängig sind und
- welche Bestandteile welche didaktischen Funktionen innehaben.

Als Ergebnis dieses ersten Schritts liegen – informationstechnisch formuliert – potenzielle semantische Komponenten vor, die in das zu entwickelnde Dokumentstrukturmodell, d. h. die DTD-Struktur einfließen.

Anschließend werden die curricularen, didaktisch-methodischen und medialen Strukturkomponenten in **Elemente einer DTD** umgesetzt. Bei der Umsetzung wird in einem iterativen Prozess entschieden, welche der curricularen, didaktisch-methodischen und medialen Strukturkomponenten sich mit Hilfe von XML auf welche Art abbilden lassen.

Die pädagogischen Fragestellungen werden informationstechnisch konkretisiert, unter anderem durch die Fragen[100],

---

[97] Vgl. für das Strukturmodell generativen Problemlösens 4.3.

[98] Vgl. Achtenhagen et al. (1992, S. 79f.).

[99] Diese Fragestellungen leiten sich aus der Funktion ab, die einzelne Bestandteile einer Lernumgebung, insbesondere die komplexe Problemstellung, im Lehr-Lernprozess übernehmen und inne haben (vgl. 2.3).

[100] Diese Fragestellungen leiten sich aus dem Status von Elementen im Inhaltsmodell einer DTD bzw. aus den Eigenschaften von Elementen und Attributen ab, die in 3.3.3 diskutiert wurden.

- ob spezifische Eigenschaften einer Strukturkomponente als Element oder als Attribut eines Elements umgesetzt werden,
- ob bzw. wie häufig eine Strukturkomponente eingesetzt werden kann,
- ob es sich bei den Strukturkomponenten um notwendige oder um optionale Bestandteile der Struktur handelt,
- welcher Art die Beziehungen untereinander sind und wie sie informationstechnisch umgesetzt werden können,
- ob Einschränkungen oder Vorgaben des Inhalts notwendig sind sowie
- in welcher Reihenfolge die Bestandteile aufeinander folgen.

Bei der Benennung der Elemente zum Beispiel legen Pädagogen und Informationstechniker gemeinsam fest, wie das Element bezeichnet werden kann (z. B. *Frage*, *Aufgabe* oder *Test*) und welche Attribute sowie Entitäten genutzt werden.

Bei der konkreten Umsetzung der pädagogisch akzentuierten Strukturkomponenten in DTDs ergeben sich oftmals Schwierigkeiten (vgl. Jungmann et al., 2004b). Die Entscheidung, ob Elemente oder Attribute verwendet werden, muss in Abhängigkeit des spezifischen Anwendungsfalls getroffen werden.

Elemente sollten immer einen Teil des Inhalts eines Dokumentes enthalten, Attribute dagegen Informationen über diese Elemente ausweisen. Eine Definition als Element eignet sich vor allem dann, wenn die Information in verschiedenen Nutzungsformen (Papier oder Internet) auftritt. Sollen Reihenfolgebeziehungen und Auftretenshäufigkeiten berücksichtigt werden, sind die Informationen in Elementen abzubilden. Weiterhin können Elemente andere Elemente enthalten. Auch wenn Informationseinheiten aus anderen Informationen bestehen, sind diese in Elementen abzubilden. Über Attribute hingegen können unter anderem Verweise ausgestaltet werden. Bei einer Deklaration als Attribut sind Einschränkungen des Inhalts möglich[101], bei einer Deklaration als Element hingegen nicht.

Als Ergebnis dieser Schritte zur Konstruktion problembasierter Lernumgebungen liegen pädagogisch akzentuierte DTD-Elementtypen vor, die zu einem Strukturmodell generativen Problemlösens zusammengestellt wurden. Das Strukturmodell generativen Problemlösens wurde im Projekt IMPULS[EC] informationstechnisch in einer *Dokument Typ Definition auf Grundlage des Problem-Based Learning (PBL-DTD)* umgesetzt. Die PBL-DTD mit ihren Elementen wird im folgenden Kapitel vorgestellt. Komplexe Problemstellungen als curriculare und didaktisch-methodische Ausgangs- und Bezugspunkte intendierter Lehr-Lernprozesse werden in Kapitel 5 zu-

[101] Zum Beispiel kann der Wert *Impuls_Schuh_AG* für das Attribut *Modellunternehmen* vorgegeben werden.

nächst narrativ ausgestaltet und anschließend in das DTD-Element *Komplexe Problemstellung*[102] überführt.

4.2 Pädagogisch akzentuierte DTD-Elementtypen

Für die Konstruktion von Lernumgebungen ist die Struktur der gesamten DTD sowie die Beziehungen der DTD-Elemente untereinander aus den curricularen, didaktisch-methodischen und medialen Zielvorgaben und Bedingungen heraus zu analysieren und zu entwickeln. Anschließend können sowohl didaktisch-methodische Komponenten als auch curriculare Einheiten und mediale Präsentationsformen als Elemente der DTD festgelegt werden. Aus pädagogischer Perspektive umfasst die Strukturierung von Lernumgebungen den Aufbau und die Reihenfolge der einzelnen Curriculumelemente sowie deren didaktisch-methodische und mediale Ausgestaltung (vgl. 3.1). Bei einer didaktisch sinnvollen Aufbereitung der Dokumentenstruktur sind daher folgende drei Arten pädagogisch akzentuierter DTD-Elementtypen erforderlich (vgl. für die folgenden Ausführungen Abbildung 7).

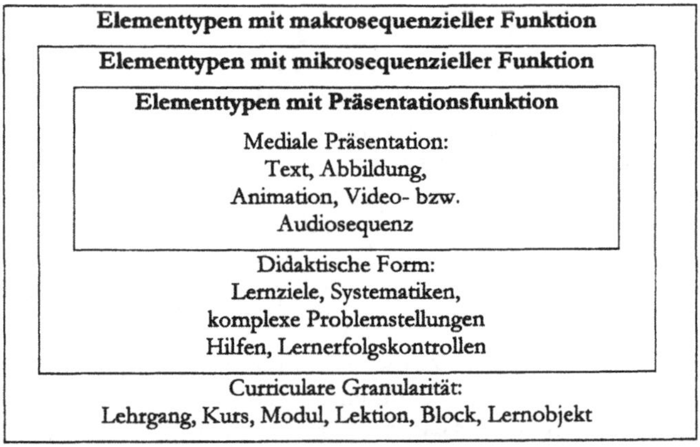

Abbildung 7: Didaktisch akzentuierte DTD-Elementtypen

Elementtypen mit makrosequenzieller Funktion berücksichtigen unter anderem die Frage, welche Größe bzw. Granularität für Lernangebote didaktisch sinnvoll ist, insbesondere im Hinblick auf

- Qualifizierungs- und Zertifizierungsmöglichkeiten,
- fachlich komplexe Lernsequenzen sowie

---

[102] Im Folgenden werden DTD-Elemente kursiv hervorgehoben.

- beabsichtigte Lernaktivitäten und erwartete Lernerkonzentration.

Bei Elementen dieses Typs handelt es sich um Lektionen, Module oder Kurse. Diese Elemente sind aus informationstechnischer Perspektive immer Container-Elemente. Eine makrosequenzielle Strukturierung schließt die Aufbereitung problembasierter Lernumgebungen nach dem Prinzip der ansteigenden Komplexität ein. Nach diesem Prinzip werden einzelne Curriculumelemente bzw. Module so zusammengesetzt, dass deren Inhalte aufeinander aufbauen.

Elementtypen mit mikrosequenzieller Funktion bilden die didaktisch-methodischen Komponenten in der DTD ab und beschäftigen sich mit folgenden Fragen:

- Welche Phasen im Lernprozess gilt es mit dem Lernangebot zu unterstützen?
- Welche didaktisch-methodischen Komponenten sind innerhalb dieser Struktur zur Realisierung eines lernerangemessenen Lernangebots erforderlich?
- Welche Funktion nimmt die jeweilige Komponente innerhalb der Lernprozessphasen ein?

Als Elemente kommen komplexe Problemstellungen, Lernzielformulierungen oder Systematisierungen in Betracht. Aus informationstechnischer Perspektive handelt es sich bei den Elementen dieses Typs um Container-Elemente. Mikrosequenziell werden problembasierte Lernumgebungen nach dem Prinzip konkret-abstrakt-rekonkret konstruiert.

Elementtypen mit Präsentationsfunktion legen die mediale Aufbereitungsart der Lerninhalte fest. Mögliche Fragestellungen lauten unter anderem:

- Welche Medien können für Lernmaterialien eingesetzt werden?
- Welche davon sind den Autoren der Lernangebote jeweils als Umsetzungsmöglichkeit anzubieten?

Als Elemente können Texte, Abbildungen, Videos oder Animationen unterschieden werden. Elemente dieses Typs sind aus informationstechnischer Perspektive entweder Daten-Elemente oder leere Elemente. Zur Strukturierung dynamischer Sequenzen (Videos oder Animationen) sind informationstechnisch derzeit noch keine pädagogisch nutzbaren Möglichkeiten vorhanden[103].

Mit diesen pädagogisch akzentuierten DTD-Elementtypen kann nun eine Strukturierung problembasierter Lernumgebungen erfolgen. Dazu wird im Folgenden die PBL-DTD diskutiert.

---

[103] Erste informationstechnische Ansätze zur Sequenzierung und Synchronisierung dynamischer Medien liegen mit den XML-Anwendungen SMIL und SVG vor. Eine pädagogische und dramaturgische Ausgestaltung narrativer Sequenzen wird in Kapitel 5 der vorliegenden Arbeit diskutiert. Für die informationstechnische Aufbereitung narrativer komplexer Problemstellungen mit SVG oder SMIL werden in Kapitel 6 der vorliegenden Arbeit Anregungen gegeben.

4.3 Strukturmodell generativen Problemlösens: Die PBL-DTD

4.3.1 Mediale Präsentationskomponenten

Zur Ermittlung medialer Präsentationskomponenten gilt es in einem ersten Schritt zunächst, alle möglichen und benötigten Medien kumulativ zusammenzustellen[104]. Ein mediales Lernangebot kann nach Weidenmann (2002, S. 47) innerhalb der folgenden drei Dimensionen charakterisiert werden (vgl. Abbildung 8):

	Mono-...	**Multi-...**
Medium	Monomedial: • Buch • Videoanlage • PC und Bildschirm	Multimedial: • PC + CE-ROM-Player • PC + Videorekorder
Codierung	Monocodal: • nur Text • nur Bilder • nur Zahlen	Multicodal: • Text mit Bildern • Grafik mit Beschriftung
Sinnesmodalität	Monomodal: • nur visuell (Text, Bilder) • nur auditiv (Rede, Musik)	Multimodal: • audiovisuell (Video, CBT-Programme mit Ton)

Abbildung 8: Raster zur differenzierten Beschreibung medialer Angebote (Weidenmann, 2002, S. 47)

- Als multimedial gelten „Angebote, die auf unterschiedliche Speicher- und Präsentationstechnologien verteilt sind".
- „Angebote, die unterschiedliche Symbolsysteme bzw. Codierungen aufweisen", werden als multicodal bezeichnet.
- Multimodal hingegen sind „Angebote, die unterschiedliche Sinnesmodalitäten bei den Nutzern ansprechen".

Weidenmann fasst unter den Aspekt der Codierung sowohl sprachliche Bezüge als auch die Verwendung unterschiedlicher Zeichen- oder Symbolsysteme (vgl. Weidenmann, 1996, S. 336). Aus pädagogischer Perspektive stellt die Wahl der Zeichensysteme einen wesentlichen Bestandteil der didaktischen Modellierung dar. Die Entscheidung, welches Zeichensystem für die mediale Darstellung genutzt wird, erfolgt im Hinblick auf die Funktion im Lehr-Lernprozess und bleibt der didak-

[104] Eine Übersicht über die potenziellen semantischen Komponenten und deren informationstechnische Beschreibung der DTD-Elemente befindet sich im Anhang.

tischen Expertise der Autoren überlassen. Informationstechnisch werden Medien über verschiedene Dateiformate klassifiziert.

Der XML-Ansatz ermöglicht es, DTD-Elemente so zu strukturieren, dass sie gemeinsam bzw. aufeinander bezogen verarbeitet werden können. Bisher können allerdings nur Texte mit XML strukturiert werden. Möglichkeiten zur strukturorientierten Hierarchisierung von Texten sensu Schraml (vgl. 4.1) bestehen darin, Hervorhebungen, Tabellen, oder die Hoch- bzw. Tiefstellung von Zeichen gesondert auszuzeichnen. Die technische Strukturierung, Sequenzierung und Synchronisation multimedialer Komponenten ist bisher nur mit den XML-Anwendungen SVG bzw. SMIL möglich[105].

Neben dem Element *Freier Text* wurden in der PBL-DTD folgende medialen Elemente unterschieden: *Audio-* und *Video*dateien, *Animationen* und *Abbildungen*. Für alle medialen Umsetzungen werden in der PBL-DTD Referenzen auf die jeweiligen Dateien in XML eingefügt. Diese vier Elemente sind in dem Containerelement *Medienobjekt* zusammengefasst (vgl. Abbildung 9)[106].

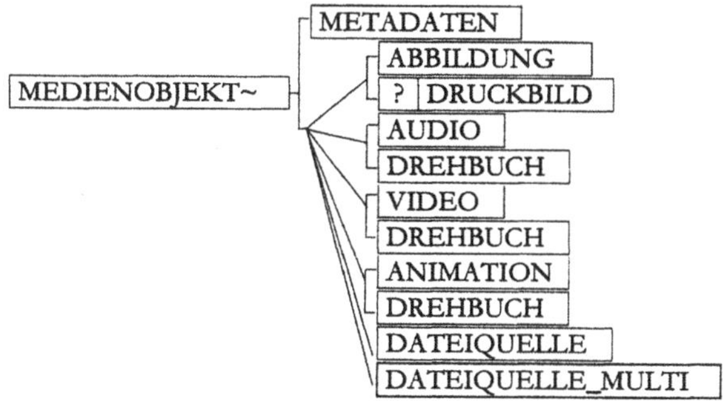

Abbildung 9: Aufbau des DTD-Elements *Medienobjekt*[107]

Bei den *Medienobjekten* wurde darauf geachtet, dass die Lernenden neben den dynamischen Varianten *Video*, *Audio* und *Animation* jeweils eine statische Repräsentation erhalten, um sie ausdrucken zu können. So werden die Autoren aufgefordert, zu den jeweiligen dynamischen Dateiformaten ein *Drehbuch* anzufügen, das die ge-

[105] Im Projektzeitraum von IMPULS[EC] konnten SVG und SMIL nicht eingesetzt werden, da sie von der gängigen Clientsoftware sowie von Lernplattformen und Web-Browsern noch nicht unterstützt wurden. Vorschläge für die Strukturierung und die daraus folgende informationstechnische Synchronisation der videobasierten komplexen Problemstellung mit entsprechenden Lernsequenzen finden sich in der vorliegenden Arbeit in den Kapiteln 5 und 6.

[106] Neben den vier Elementen *Abbildung*, *Animation* sowie *Audio-* und *Video*sequenz beinhaltet das Containerelement *Medienobjekt* explizit gekennzeichnete *Metadaten* sowie die Möglichkeit, über das DTD-Element *Dateiquelle* andere Dateiformate (zum Beispiel Internet-Seiten) einzubinden.

[107] Vgl. die Legende auf S. 12.

sprochenen oder geschriebenen Texte als DTD-Element *Freier Text* ebenso enthält wie *Druckbilder*, um den Lernenden Standbilder oder Screenshots zur Verfügung zu stellen (vgl. Abbildung 10).

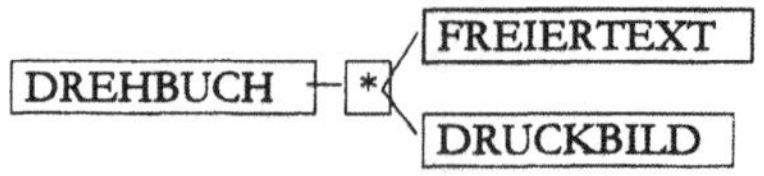

Abbildung 10: Aufbau des DTD-Elements *Drehbuch*[108]

Die Elemente zur medialen Präsentation der Lerninhalte können von Autoren genutzt werden, um die folgenden didaktisch-methodische Komponenten einer Lernumgebung mit spezifischen didaktischen Funktionen auszugestalten.

4.3.2 Didaktisch-methodische Strukturkomponenten

Für die Ermittlung potenzieller semantischer Komponenten einer DTD werden zunächst alle möglichen bzw. benötigten mikrosequenziellen Komponenten der Lernumgebung kumulativ zusammengestellt[109]. Unter Mikrosequenzierung wird die didaktische Ausgestaltung der einzelnen Curriculumelemente verstanden (vgl. 3.1). In die DTD-Struktur werden nur diejenigen Strukturkomponenten als DTD-Elemente aufgenommen, die didaktisch notwendig und informationstechnisch umsetzbar sind. Dabei ist zunächst zu fragen, welche Komponenten spezifische didaktische Funktionen übernehmen. Im Projekt IMPULS^{EC} stehen Lerninhalte zum Thema *Electronic Commerce* hauptsächlich im wirtschaftswissenschaftlichen Anwendungskontext[110]. Für diesen Kontext wurden die folgenden Elemente innerhalb der PBL-DTD ermittelt (vgl. Jungmann et al., 2004a; 2004b):

- **Lernzielformulierungen.** Als Lernziele werden die angestrebten Kompetenzen sowie das intendierte Wissen und Können des Lernenden bezeichnet. Lernzielformulierungen beziehen sich auf die in der Lernsequenz folgenden Lerninhalte. Im DTD-Element *Lernziel* werden kognitive, affektive und psychomotorische Ausprägungen von Lernzielen unterschieden und als Attribut zum Element festgelegt.

---

[108] Vgl. die Legende auf S. 12.

[109] Eine Übersicht über die potenziellen semantischen Komponenten und deren informationstechnische Beschreibung der DTD-Elemente befindet sich im Anhang.

[110] Die PBL-DTD wurde für die Konstruktion wirtschaftswissenschaftlicher Lernumgebungen entwickelt. Ein Einsatz in anderen Disziplinen ist mit Modifikationen möglich. Mit geringen Veränderungen wurde die PBL-DTD an der Universität Leipzig im Studiengang Bauingenieurwesen eingesetzt.

- **Beschreibung des benötigten Vorwissens.** Das DTD-Element *Vorwissen* bezeichnet das Wissen des Lernenden über einen inhaltlichen Sachverhalt, das zu Beginn einer Lernsequenz vorausgesetzt werden kann.
- **Komplexe Problemstellung.** Das DTD-Element *Komplexe Problemstellung* beinhaltet eine didaktisch modellierte, authentische Situation, um den Lernprozess zu initiieren (vgl. die ausführliche Diskussion der Elemente einer komplexen Problemstellung in 5.3).
- **Systematiken.** Unter Systematiken werden Inhaltsstrukturierungen verstanden, die den Lernenden während des Lernprozesses zur Orientierung dienen. Im Projekt IMPULS^{EC} werden Advance Organizer, Systematisierungen, Merksätze und Glossare unterschieden.
  - **Advance Organizer** stellen einen Überblick über die komplexe Ziel- und Inhaltsstruktur des dargebotenen Lerninhalts bereit. Im Advance Organizer sind die für den Lerninhalt relevanten fachlichen Begriffe auf einer angemessenen Ebene der Abstraktion enthalten (Ausubel, 1978, S. 65). Die Funktion des Advance Organizers besteht nach Ausubel im Anknüpfen an das jeweilige Vorwissen und dem Aufbau einer systematischen kognitiven Struktur der Inhalte anhand von Begriffen. Im Projekt IMPULS^{EC} erhält das DTD-Element *Advance Organizer* eine weitere Funktion: Verbunden mit dem Navigationskonzept des Lernangebots sichert das DTD-Element *Advance Organizer* die inhaltliche Orientierung. Über den *Advance Organizer* kann der Lernende zwischen verschiedenen Lernsequenzen und innerhalb der Aggregationsebenen navigieren. Damit ein *Advance Organizer* die Funktion der Orientierungssicherung erfüllen kann, müssen die Lernenden aus jeder beliebigen Stelle im Lernangebot auf den *Advance Organizer* zugreifen können. Dazu wird in der Navigationsleiste der *Lernobjekte* der Button des *Advance Organizers* eingerichtet[111].
  - **Systematisierungen** dienen den Lernenden zur Nachbereitung und (Re-)Organisation der Lerninhalte (vgl. Reinmann-Rothmeier, Mandl & Ballstaedt, 1996). Im DTD-Element *Systematisierung* werden die erworbenen Kenntnisse und der bearbeitete Inhalt kategorisiert. Zudem werden in einem Ausblick die Möglichkeiten einer vertieften Beschäftigung mit dem Lerninhalt hervorgehoben. Systematisierungen weisen einen engen inhaltlichen Bezug zu den *Lernziel*formulierungen und den im DTD-Element *Advance Organizer* systematisierten Begriffen auf.
  - **Merksätze** fassen Begriffe, Fakten, Gesetze, Prinzipien, Prozesse, Strukturen, Verfahren und Zusammenhänge in kurzen Sequenzen zusammen. In der PBL-DTD existiert zu diesem Zweck das Element *Merksatz*.

[111] Daneben existieren zur Steuerung der Navigation weitere Buttons, wie zum Beispiel „vorwärts" und „rückwärts".

- **Glossare** beinhalten Definitionen der wichtigsten Begriffe. Ein Glossar dient den Lernenden zugleich zur Orientierung und zum Nachschlagen bzw. Lernen. Das DTD-Element *Glossareintrag* wird nicht in der PBL-DTD, sondern in einer eigenständigen DTD umgesetzt, die mit der PBL-DTD über eine Entity-Referenz verbunden ist.

- **Didaktische Formen**. Unter diese Rubrik werden alle didaktischen Instrumente zur Modellierung komplexer Sachverhalte und Prozesse, insbesondere Planspiele, Fallstudien und Simulationen zusammengefasst. Das DTD-Element innerhalb der PBL-DTD wird *Simulation* genannt[112].

- **Quellen**. Als Quellen werden verwendete und weiterführende Literatur angegeben. Für Quellenangaben wurde das DTD-Element *Literatur* eingerichtet.

- **Aufgaben zur Selbstüberprüfung und Lernerfolgskontrolle**. Im DTD-Element *Selbstüberprüfung* haben die Lernenden die Möglichkeit, ihren individuellen Stand der erarbeiteten Kenntnisse, Fertigkeiten und Fähigkeiten durch Aufgaben zu erheben sowie anhand von Musterlösungen mit dem Vorgehen eines Experten zu vergleichen. Das DTD-Element *Lernerfolgskontrolle* stellt den Autoren die Möglichkeit bereit, eine Zertifizierung durchzuführen. Die Aufgaben der *Selbstüberprüfung* und der *Lernerfolgskontrolle* setzen sich aus geschlossenen und offenen Aufgabentypen zusammen. Die Lernenden können ihre erworbenen Kenntnisse mit einer neuen Aufgabenstellung üben oder anwenden sowie ihr Wissen auf andere Kontexte übertragen.

Abschließend ist zu klären, welche didaktischen Strukturkomponenten innerhalb der DTD zu einem einzigen Element zusammengefasst werden können. So sind zum Beispiel die didaktischen Formen der Simulation, der Mikrowelt und des Planspiels informationstechnisch als Link auf die jeweilige Anwendung zu realisieren. Jede dieser Anwendungen kann unabhängig von der didaktischen Form durch ein einziges Element der DTD repräsentiert werden. Aus didaktischer Perspektive sind diese Anwendungen zudem in einen didaktischen Rahmen einzubetten, unter anderem bestehend aus Lernzielen, Problemstellung bzw. Arbeitsauftrag, Lernerfolgskontrollen sowie weiteren Materialien. Die verschiedenen didaktischen Formen können daher zu einem Element zusammengefasst werden.

Weiterhin gibt es didaktische Strukturkomponenten, die nicht durch Elemente der DTD-Struktur umzusetzen sind. So kann die Orientierung innerhalb der Lernumgebung nur durch eine geeignete Navigationsstruktur, unterstützt durch eine

[112] Der Begriff Simulation wird in einer weiten Auffassung als Oberbegriff verwendet (vgl. Tramm & Rebmann, 1998). Für die einzelnen Formen vgl. zum Beispiel Preiß (1992) oder Choi (1997). Fünf Kategorien von Simulationen finden sich bei Mandl, Gruber und Renkl (1997). Bei Achtenhagen (1992, S. 40) findet sich für die verschiedenen didaktischen Formen der Sammelbegriff komplexe Lehr-Lern-Arrangements.

Guided Tour[113], gewährleistet werden. Ebenso wenig ist es zum Beispiel informationstechnisch möglich, einen individuellen Lernbegleiter in Elemente einer DTD-Struktur umzusetzen. Soweit diese Komponenten innerhalb der Lernumgebung einheitlich umgesetzt werden sollen und Fachautoren Vorgaben für die Erstellung benötigen, sind diese in Richtlinien zusammenzufassen[114].

Die didaktisch-methodischen Strukturkomponenten können die Fachautoren anschließend zu den folgenden curricularen Einheiten zusammenstellen.

4.3.3 Curriculare Strukturkomponenten

Zur Ermittlung curricularer Strukturkomponenten einer Lernumgebung gilt es zunächst, alle Elemente mit makrosequenzieller Funktion kumulativ zusammenzustellen[115]. Unter Makrosequenzierung wird die zeitliche Anordnung (Aggregation) einzelner Curriculumelemente zu bildungsorganisatorischen Einheiten verstanden (vgl. 3.1). Die Übergänge zwischen Curriculumelementen und bildungsorganisatorischen Einheiten sind fließend und hängen unter anderem davon ab, mit welcher inhaltlichen Komplexität die Lerninhalte dargeboten und welche Qualifikationen zertifiziert werden (vgl. 4.1). Für die Konstruktion computergestützter Lernumgebungen empfehlen sich drei bis vier Aggregationsebenen[116]. Im Folgenden werden die Elemente curricularer Granularität der PBL-DTD vorgestellt (vgl. Abbildung 11 auf der folgenden Seite).

In der PBL-DTD besteht ein *Lehrgang* aus verschiedenen *Kursen*, die wiederum in *Module* unterteilt sind. *Module* setzen sich aus *Lektionen* zusammen, deren Lerninhalte in *Lernobjekten* aufbereitet sind. *Lernobjekte* sind thematisch und zur informationstechnischen Weiterverarbeitung in *Blöcke* zusammengefasst[117].

---

[113] Unter einer Guided Tour wird in der Literatur eine geführte Unterweisung in Funktionsweise und Zielstellung der Lernumgebung verstanden (Tergan, 2002, S. 102).

[114] Im Projekt IMPULS^{EC} wurden diese Vorgaben in Richtlinien zur Erstellung von Inhalten und Stilvorgaben für visuelle Elemente zusammengefasst. Ausschnitte aus den Vorgaben finden sich im Anhang.

[115] Für eine ausführliche informationstechnische Beschreibung der einzelnen DTD-Elemente der PBL-DTD vgl. die Ausführungen im Anhang.

[116] Die Benennung der einzelnen Ebenen ist vielfältig: Lektion, Modul, Unterrichtsstunde oder inhaltlicher Abschnitt sind nur einige der pädagogisch akzentuierten Bezeichnungen für curriculare Elemente. Informationstechnisch finden sich auch Bezeichnungen wie Baustein oder Asset. Bildungsorganisatorische Einheiten werden u. a. als Kurs, Lehrgang, Seminar oder Unterrichtsreihe bezeichnet.

[117] Für eine ausführliche informationstechnische Beschreibung der einzelnen curricularen Elemente der PBL-DTD vgl. die Ausführungen im Anhang.

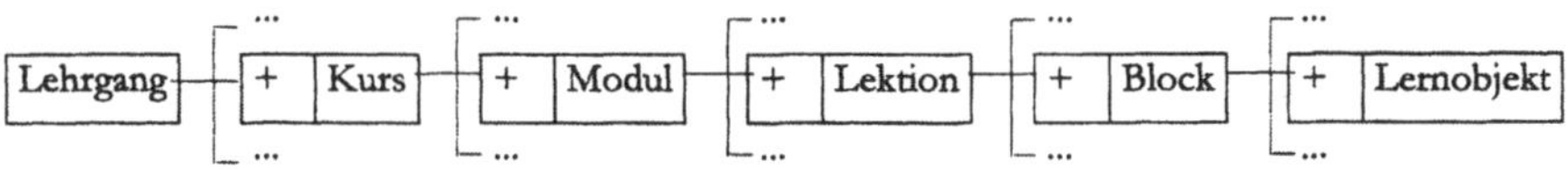

Abbildung 11: Elemente curricularer Granularität in der PBL-DTD[118]

Ein *Lehrgang* als größte Qualifizierungseinheit setzt sich aus mehreren *Kursen* zusammen (vgl. Abbildung 12).

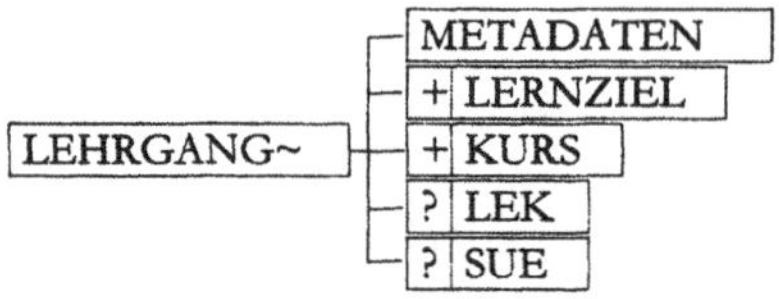

Abbildung 12: Aufbau des DTD-Elements *Lehrgang*[119]

Der *Lehrgang* bildet eine „Klammer" für die einzelnen *Kurse*. Er ist ein makrosequenzielles Modul mit bildungsorganisatorischer Intention. Auf der Lehrgangsebene wird ein Instrumentarium benötigt, das Qualifikations- und Zertifizierungsansprüchen genügt. Aus diesem Grund werden lehrgangsumfassende *Lernziele* formuliert und mit einer *Lernerfolgskontrolle* überprüft. Lernende können mit einer *Selbstüberprüfung* ihren individuellen Lernstand kontrollieren oder sich auf die *Lernerfolgskontrolle* vorbereiten. Andere didaktische Elemente existieren auf der Lehrgangsebene nicht.

Kurs, *Modul* und *Lektion* sind curriculare Einheiten. Sie beinhalten neben dem informationstechnisch benötigten Element *Metadaten*[120] die in 4.3.2 dargestellten didaktischen Elemente (vgl. Abbildung 13 auf der folgenden Seite).

Mit *Kurs*, *Modul* und *Lektion* besteht die PBL-DTD aus drei curricularen Aggregationsebenen. Die *Lektion* ist die kleinste curriculare Einheit, die didaktisch strukturiert ist. Lernpsychologisch gesehen umfasst eine *Lektion* mit 20-30 min. Präsentationszeit eine Zeitspanne, nach der eine Lernpause empfohlen wird.

Der *Block* besteht aus einer thematischen Einheit zusammenhängender Lerninhalte, die nicht zu trennen sind. Das *Lernobjekt* ist die kleinste inhaltlich zusammenhängende Bildschirmeinheit. Der Autor sollte das *Lernobjekt* möglichst so konzipieren, dass ein Scrollen des Bildschirms vermieden wird. Innerhalb eines *Blocks* ist es den

[118] Vgl. die Legende auf S. 12.

[119] Vgl. die Legende auf S. 12.

[120] Metadaten werden für die Weiterverarbeitung auf informationstechnischer Ebene benötigt. Es handelt sich zum Beispiel um eindeutige Namen zur Identifizierung des Elements, die Angabe des Erstellers oder Schlüsselwörter (vgl. 3.3.4).

Autoren möglich, sprachliche Zusammenhänge zwischen *Lernobjekten* herzustellen[121]. Der Lernende ruft das erste *Lernobjekt* eines *Blocks* über den *Advance Organizer* der entsprechenden Lektion auf[122].

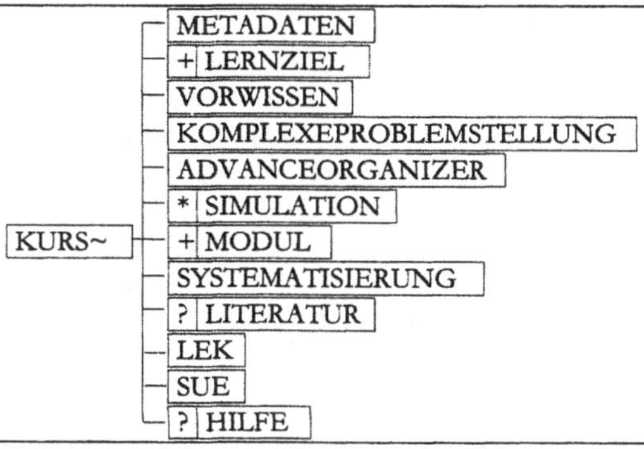

Abbildung 13: Aufbau des DTD-Elements *Kurs*[123]

Aus diesen mikro- und makrosequenziellen sowie medialen DTD-Elementen können Autoren Lernumgebungen mit einem problembasierten Aufbau erstellen. Beim Zusammenstellen der Elemente zu Curriculumeinheiten ist allerdings zunächst zu fragen, welche Größe (Granularität) und Modularität die einzelnen Einheiten bzw. Module haben können und sollen.

4.4 Modularität und Granularität der Strukturkomponenten

Informationstechnisch und pädagogisch gelten jeweils unterschiedliche Kriterien für die Größe von Modulen (vgl. Eckelmans, Haas, Hoppe & Packmohr, 2002). **Modular** sind einzelne Teile nur dann, wenn sie abgrenzbar strukturiert und eigenständig funktionsfähig sind (vgl. z. B. Deißinger, 1996, S. 191f.). Die Eigenschaften von Modulen sind abhängig von den verfolgten Zielen. Während Module aus informationstechnischer Perspektive wart- und verwaltbar sein müssen, besteht das pädagogische Ziel darin, intendierte Lernprozesse zu initiieren, zu begleiten und zu kontrollieren (vgl. die ausführliche Darstellung in Wirth & Krah, 2004).

Zur Ermittlung der **Granularität** von Curriculumelementen bzw. Modulen sind insbesondere deren informationstechnische Verwaltbarkeit, deren Funktionen im

[121] Zum Beispiel „Erstens... Zweitens..." oder „Dementsprechend...".

[122] Vgl. die Ausführungen zum Navigationskonzept im Projekt IMPULS^{EC} (Jungmann et al., 2004b).

[123] Vgl. die Legende auf S. 12.

Lehr-Lernprozess, die Einbettung in bildungsorganisatorische Einheiten sowie die innere Strukturierung der Module durch didaktisch-methodische Komponenten zu berücksichtigen.

Informationstechnisch werden Module in einer Granularität benötigt, die mit Metadaten beschreibbar und vom System verwaltbar sind[124]. Je kleiner die informationstechnisch zu verarbeitenden Objekte sind, desto feiner ist die Granularität der Objekte und desto größer wird die Anzahl der Referenzen zwischen ihnen, die informationstechnisch in Metadaten abzubilden sind[125]. Das Kriterium, das die Größe eines Moduls bestimmt, setzt sich informationstechnisch aus zwei gegenläufigen Relationen zusammen: Während die inhaltlichen Zusammenhänge zwischen den Modulen möglichst gering sein sollten, muss die inhaltliche Bindung innerhalb eines Moduls möglichst hoch sein (vgl. Balzert, 1998, S. 474ff.; Buder, Rehfeld, Seeger & Strauch, 1997).

Aus informationstechnischer Perspektive bleiben inhaltliche Ausgestaltung und methodische Aufbereitung des Materials sowie die Kombination der Module zu bildungsorganisatorischen Einheiten den jeweiligen fachwissenschaftlichen Autoren überlassen (vgl. beispielhaft Finsterle & Rotard, 2002). Das Material wird sozusagen als black box betrachtet, die den Lernenden mit informationstechnischen Mitteln zur Verfügung gestellt wird (Friesen, 2001). In diesem Sinne zielen die meisten informationstechnischen Konstruktionen von Lernumgebungen darauf ab, Lernsequenzen bzw. -module entsprechend kontextfrei zu konzipieren und die Bezüge zum inhaltlichen Kontext sowie zur jeweiligen Lernsituation in Metadaten abzubilden (vgl. z. B. Seeberg, 2003). Der Einbezug situativer Anwendungs- und Lernkontexte in die Gestaltung der Module wird vielfach sogar als Störfaktor gesehen (vgl. Klauser et al., 2002).

Aus pädagogischer Perspektive orientiert sich die Größe der Module am Lernprozess[126]: Ein Modul enthält diejenigen Sequenzen, die sich auf jeweils eigenständige und abgrenzbare Lernaktivitäten beziehen. Kleinere Einheiten wie zum Beispiel ein Zitat, ein Beispiel oder eine Abbildung gelten nicht als Module im didaktischen Sinn, sondern lediglich als funktionale Komponenten bzw. Bestandteile eines Moduls. In diesem Sinne sind Strukturkomponenten so zu konstruieren, dass die Lernenden bei der Bearbeitung eines Moduls die Phasen des intendierten Lernprozesses durchlaufen können.

---

[124] Einige Autorentools determinieren die Granularität der Einheiten bereits bei deren Erstellung (vgl. Schulmeister, 2002, S. 289).

[125] Die sich daraus ergebende Abhängigkeit der Objekte untereinander wird als Kopplung bezeichnet.

[126] In der Wirtschaftspädagogik beschäftigt sich die Debatte um Modularisierung vorwiegend mit bildungspolitischen und -organisatorischen Themen. Curriculare und didaktisch-methodische Fragestellungen werden nur am Rande erörtert (vgl. Deißinger, 1996; Kloas, 1996; Sloane, 1997; Pilz, 1999; Rützel, 2001).

Sloane (1997, S. 234f.) stellt die intentionale, lernpsychologische, thematische und methodische Akzentsetzung bei der Strukturierung von Modulen sowie eine bildungsorganisatorisch sinnvolle Kombination der Module heraus. Eine Kombination (Aggregation) von Modulen erschöpft sich aus pädagogischer Perspektive nicht in einer bloßen Aneinanderreihung der Lerninhalte. Sloane (1997, S. 240f.) betont, dass es nicht ausreiche, „eine additive Liste von Teilthemen zu bestimmen, die über Module abzuarbeiten sind". Vielmehr sollen Module in Gesamtkonzepte für Bildung integrierbar sein, um auf diese Weise den Kompetenzerwerb der Lernenden zu fördern.

Aus den Ausführungen wird deutlich, dass eine Modulkonzeption gefordert ist, die sowohl informationstechnischen als auch curricularen und didaktisch-methodischen sowie bildungsorganisatorischen Ansprüchen genügt. Eine solche Konzeption ist in der PBL-DTD zu verankern, damit Autoren die einzelnen informationstechnischen Elemente zu Lernsequenzen zusammenstellen können.

4.5 Aggregation von Modulen mit der PBL-DTD

Um Module informationstechnisch verwaltbar zu machen sowie ihren curricularen, didaktisch-methodischen und medialen Lern- und Anwendungskontext zu sichern, werden Lernobjekte niedriger Ordnung[127] in der PBL-DTD zu Lernsequenzen höherer Ordnung[128] zusammengefasst. Die kleinsten im Content Management System informationstechnisch zu verwaltenden Einheiten sind XML-Elemente. Diese werden von Autoren zu *Lernobjekten* zusammengestellt.

Autoren können *Lernobjekte* in der PBL-DTD nur dann zu didaktisch modularen Einheiten wie zum Beispiel einer *Lektion* zusammenstellen, wenn sie ihnen einen didaktischen Rahmen bzw. eine so genannte **didaktische Schale** geben (vgl. Abbildung 14 auf der folgenden Seite).

Mit anderen Worten: Es ist Autoren nur möglich, ein Modul zu erstellen, wenn sie das entstehende Modul gleichzeitig didaktisch-methodisch modellieren. Das Prinzip der didaktisch-methodischen Modellierung setzt sich auf allen curricularen Aggregationsebenen fort: *Lernobjekte* werden mit einer didaktischen Schale zu *Lektionen* zusammengesetzt, d. h. zu curricularen Einheiten, die informationstechnisch im Content Management System (CMS) verwaltet werden.

---

127 Module im informationstechnischen Sinn.

128 Module im didaktischen Sinn.

Legende:
LZ = Lernziel
VW = Vorwissen
kPrSt = Komplexe Problemstellung
AP = Advance Organizer
SYS = Systematisierung
SUE = Selbstüberprüfung
LEK = Lernerfolgskontrolle
LOs = Lernobjekte

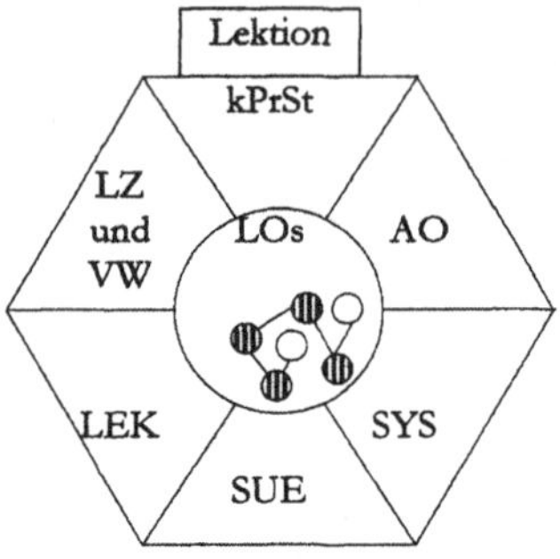

Abbildung 14: Didaktische Schale einer *Lektion*

Lektionen werden, wiederum mit einer didaktischen Schale umgeben, zu *Modulen* zusammengestellt (vgl. Abbildung 15). Ebenso setzt sich ein *Kurs* aus verschiedenen *Modulen* zusammen, die mit einer didaktischen Schale umgeben sind.

Legende:
LZ = Lernziel
VW = Vorwissen
kPrSt = Komplexe Problemstellung
AP = Advance Organizer
SYS = Systematisierung
SUE = Selbstüberprüfung
LEK = Lernerfolgskontrolle
LOs = Lernobjekte

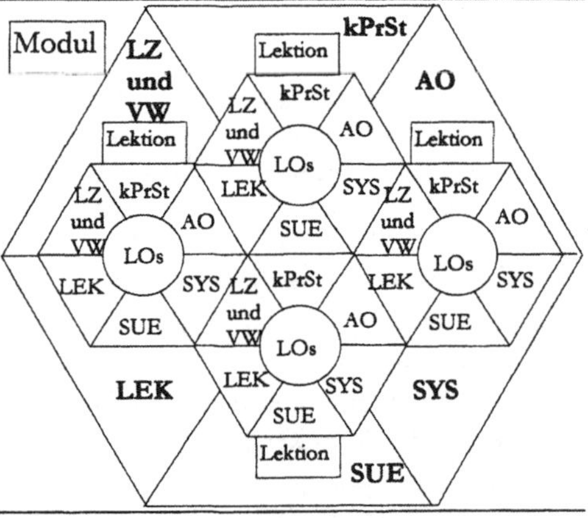

Abbildung 15: Didaktische Schale eines *Moduls* (bestehend aus 4 *Lektionen*)

Über die PBL-DTD werden die Autoren angehalten, die makrosequenzielle Aggregation einzelner Module (von *Lektionen* zu *Modulen* und von *Modulen* zu *Kursen*) mit einer mikrosequenziellen Modellbildung, d. h. dem Modellieren der didaktisch notwendigen Schale zu verknüpfen.

Die vorgestellten curricularen, didaktisch-methodischen und medialen Komponenten des Strukturmodells generativen Problemlösens werden innerhalb der PBL-DTD als einzelne Elemente bzw. Module abgebildet und können über deren Struktur informationstechnisch miteinander verknüpft und modelliert werden.

Die Strukturierung von Lernumgebungen mit der PBL-DTD kann die Vorteile sowohl informationstechnischer als auch pädagogischer Modularisierungskonzepte nutzen: Das informationstechnische Ziel der Wart- und Verwaltbarkeit der einzelnen Module kann anhand ihrer Metadaten gesichert werden. Die pädagogische Forderung nach Kontextualisierung ist in mehrfacher Hinsicht berücksichtigt: zunächst werden die curricularen Elemente im Strukturmodell generativen Problemlösens mit einer mikrosequenziell modellierten Schale ausgestattet. Diese Schale kann und muss von den Fachautoren bei der erstmaligen Erstellung sowie beim erneuten Zusammenstellen an die Erfordernisse der antizipierten Lernsituation sowie an die Bedürfnisse der intendierten Lehr-Lernprozesse angepasst werden. Darüber hinaus können Fachautoren die Lerninhalte auf drei Aggregationsebenen des Strukturmodells inhaltlich über komplexe Problemstellungen miteinander verknüpfen. Die Elemente der komplexen Problemstellung beinhalten entweder narrativ umgesetzte Anwendungssituationen oder beziehen sich in ihrer inhaltlichen Ausgestaltung auf die intendierte Lernsituation. Gerade in der Verknüpfung von Lern- und Anwendungssituationen liegen allerdings die Grenzen einer automatisierten Verarbeitung mit XML.

Um Lern- und Anwendungssituationen miteinander zu verknüpfen und dadurch generatives Problemlösen zu initiieren, zu fördern und zu kontrollieren, werden im Folgenden Ansätze aus der Dramaturgie pädagogisch adaptiert. Das folgende Kapitel stellt zunächst die dramaturgischen Ansätze vor, um diese Ansätze anschließend zur narrativen Ausgestaltung komplexer Problemstellungen zu nutzen. Aus den dramaturgischen Ansätzen wird ein Instrument zur Ausgestaltung narrativer Sequenzen entwickelt und in das Strukturmodell generativen Problemlösens integriert.

5 Curriculare und didaktisch-methodische Ausgestaltung des Strukturmodells generativen Problemlösens

5.1 *Narrative Struktur komplexer Problemstellungen*

5.1.1 Narrative Formate zur Lehr-Lernprozessgestaltung

In der Literatur wird die Übernahme dramaturgischer Ansätze und Instrumente in Lehr-Lernsituationen insbesondere für die Gestaltung und den Aufbau narrativer Strukturen komplexer Problemstellungen empfohlen (vgl. 2.3.1). Beim Einsatz computergestützter Lernumgebungen kommen einzelne Fachautoren zu dem Schluss, dem gesamten Angebot an Lernmaterial eine dramaturgische Struktur zu geben (vgl. u. a. Jarz, 1997; Schulz, 1998; Bruns & Gajewski, 2002). Eine noch weiter reichende Sichtweise vertritt Laurel (1993): jede Sitzung am Computer solle ihren Empfehlungen entsprechend dramaturgisch gestaltet werden. Bevor jedoch narrative und dramaturgische Strukturen auf die Lehr-Lernprozessgestaltung übertragen werden können, ist zunächst zu klären, was narrative und dramaturgische Ansätze kennzeichnet.

In der Literaturwissenschaft wird unter einem **narrativ-erzählenden Text** der Bericht eines Erzählers über eine Sache oder Handlung verstanden (Vogt, 1999). Demgegenüber besteht ein **Drama** aus der Darstellung einer Handlung, mit der **Szene** als zeitlicher, räumlicher und inhaltlicher Darstellungseinheit (Graff, 1999)[129]. In der pädagogischen Literatur hat sich für die Nutzung von Geschichten in Lehr-Lernsituationen der Begriff **Narration** weitgehend durchgesetzt[130]. Dem steht das **Storytelling** gegenüber, das den Einsatz von Geschichten (Storys) bezeichnet, in denen Erfahrungen von Experten aus spezifischen Arbeits-, Lern- und Alltagssituationen dargestellt werden[131].

---

[129] Pfister (2001) unterscheidet zusätzlich dramatische Texte von szenisch realisierten Texten. Der dramatische Text liegt den Rezipienten als Drehbuch in geschriebener Form vor, während der szenisch realisierte Text von Sprechern oder Schauspielern vorgetragen wird (Aufführung). In der vorliegenden Arbeit wird in beiden Fällen von szenisch-darstellenden Texten gesprochen, um sie von der narrativ-erzählenden Textform abzugrenzen.

[130] Vgl. die Arbeiten der Cognition and Technology Group at Vanderbilt (1990; 1991; 1992a; 1992b; 1992c; 1997). Die Geschichten sind didaktisch ausgestaltet und zum großen Teil fiktiver Natur.

[131] Vgl. Burke (1998), Edelson (1998), Schank (1993), Schank, Berman und MacPherson (1999), Schank, Fano, Bell und Jona (1993) sowie Sottong, Frenzel und Müller (2003). Diese Geschichten sind nur zum Teil didaktisch gestaltet und beinhalten häufig reale Erfahrungen und Berichte.

Im Mittelpunkt der Geschichten stehen zumeist eine oder mehrere Personen, die vor einem Problem stehen bzw. bereits erfolglos oder erfolgreich versucht haben, ein Problem zu lösen. Den jeweiligen Situationen liegt ein didaktisch intendiertes Drehbuch bzw. eine didaktisch intendierte Geschichte zugrunde. Beim Storytelling wird das Handeln der Personen von einem Erzähler kommentiert, interpretiert und analysiert. Die Lernenden sehen eine Situation, in der jemand von seinen eigenen oder von fremden Erfahrungen berichtet. Im Gegensatz dazu sehen die Lernenden bei Narrationen szenische Darstellungen einer Situation, in der eine oder mehrere Personen ein Problem handelnd lösen bzw. versuchen zu lösen.

Die Geschichten des Anchored Instruction Ansatzes können als szenische Darstellungen von Problemen, Handlungen und Situationen identifiziert werden. Storytelling als Einsatz erzählter Geschichten im Unterricht ist mit dem Bericht eines Erzählers gleichzusetzen, es handelt sich literaturwissenschaftlich betrachtet um einen narrativ-erzählenden Text. Der Gestaltungsgrundsatz des Modeling beim Cognitive Apprenticeship-Ansatz lehnt sich an dieses Erzählformat an[132].

Beide Formate können in Lehr-Lernprozessen zum Erreichen unterschiedlicher Ziele eingesetzt und auch kombiniert werden[133]. Sollen Spannung und Herausforderung im Mittelpunkt des Lehr-Lernprozesses bzw. einzelner Phasen des Lehr-Lernprozesses stehen, dann ist ein hoher Grad an Involviertheit und Identifikation des Lerners mit den zugrunde liegenden Problemen, Situationen und Handlungen notwendig. Für diese Lehr-Lernsituationen bieten sich szenische Darstellungen wegen ihrer Unmittelbarkeit und der Nähe des Rezipienten zur Konfliktstruktur an. Ist hingegen eine systematische Reflexion Ziel des Lehr-Lernprozesses bzw. seiner einzelnen Phasen, dann stehen Formen der Interpretation, der Bewertung und Kommentierung im Vordergrund der Lehr-Lernprozessgestaltung. In diesem Fall

[132] Collins, Brown und Newman (1989; vgl. auch Dörig, 1994; Dubs, 1998) entwickelten in Anlehnung an Untersuchungen traditioneller Handwerkslehren den Ansatz des Cognitive Apprenticeship. Cognitive Apprenticeship überträgt die Prinzipien der Handwerksausbildung auf den Erwerb kognitiver Strukturen. Beim Cognitive Apprenticeship ist der Gestaltungsgrundsatz des Modeling ein Grundsatz neben verschiedenen anderen. Beim Modeling zeigt ein Experte den Lernenden zunächst sein Vorgehen bei der Bearbeitung eines Problems, wobei er seine Überlegungen und seine Vorgehensweise explizit artikuliert sowie kommentiert und analysiert. Der Experte agiert in diesem Fall als Ich-Erzähler.

[133] Darüber hinaus werden erzählerische Elemente in der unternehmerischen Praxis eingesetzt als

- Metaphern, um Veränderungsprozesse im gesamten Unternehmen anzustoßen (vgl. Fuchs, 2001),
- Geschichten im Wissensmanagement, um Erfahrungen und Einsichten nachhaltig zu vermitteln (vgl. Sottong, Frenzel & Müller, 2003),
- szenische Darstellung von Prozessen, Einstellungen und Stimmungen im Unternehmen (vgl. Böhm, 2004) sowie
- Instrument zur Analyse der Unternehmenskultur und –kommunikation (vgl. Sottong et al., 2003).

bieten sich narrativ-erzählende Formate bzw. Mischformen mit einer vermittelnden Kommunikationsebene an.

Bevor jedoch die jeweilige narrative Sequenz ausgestaltet werden kann, sind zunächst die dramaturgischen Mittel zu untersuchen, mit denen die Formate umgesetzt werden können.

5.1.2 Dramaturgische Mittel

Seit der Renaissance gilt die Dramentheorie des Aristoteles als Norm dramatischer Texte. In ihr wird das Drama beschrieben als

- Nachahmung einer Handlung
- in Personenrede
- mit einer bestimmten Raum- und Zeitstruktur sowie
- einem bestimmten Personal[134].

Dramentheorien des neunzehnten und frühen zwanzigsten Jahrhunderts betonen die Konfliktstruktur zwischen den beteiligten Personen bzw. Figuren (Pfister, 2001, S. 18).

Den kategorialen Unterschied zwischen Erzählung und Drama sieht Pfister in der Sprechsituation. Im Drama „sieht sich der Rezipient [...] unmittelbar mit den dargestellten Figuren konfrontiert", in narrativen Texten werden Situationen „durch eine mehr oder weniger stark konkretisierte Erzählerfigur vermittelt" (Pfister, 2001, S. 20). Bei der szenischen Darstellung im Drama finden Handlung und Kommunikation zwischen zwei oder mehreren Figuren statt. Pfister bezeichnet dies als **inneres Kommunikationssystem**.

Im Gegensatz dazu verfügen narrativ-erzählende Berichte neben dem inneren über ein **vermittelndes Kommunikationssystem**, da der Erzähler dem Rezipienten (Leser, Zuhörer oder Zuschauer) die Handlung und die Figuren beschreibt, kommentiert und interpretiert. Auf der vermittelnden Instanz berichtet der Erzähler über Ereignisse, Figuren und Orte. Indem er bestimmte Ereignisse erwähnt und andere auslässt, indem er Orte und Figuren mit bestimmten Wörtern be- und umschreibt, fließen Interpretationen, Kommentare und Wertungen in die Erzählung ein. Der narrativ-erzählende Text wird so zu einem Bericht darüber, **was der Er-**

---

[134] Bis auf die (szenische) Personenrede gelten diese Kriterien auch für Erzählungen im Rahmen des Storytelling-Formats.

zähler berichten will bzw. für berichtenswert hält[135]. Diese Kommunikationsebene muss der Rezipient entschlüsseln bzw. dekodieren (können).

Zwischen diesen beiden Polen sind Kombinationen möglich. In einer Erzählung kann ein inneres Kommunikationssystem entstehen, wenn der Erzähler den Dialog zwischen zwei Figuren zitiert oder ein Ich-Erzähler sich selbst in seinem Kontext darstellt. Die vermittelnde Position des Erzählers wird in diesen Fällen zumindest teilweise aufgehoben, da die vermittelnde Kommunikationsebene Teil des Erzählten wird. Ebenso ist es möglich, in die Darstellungsebene des Dramas Berichte, Kommentare und Interpretationen einfließen zu lassen. Insbesondere sind es die folgenden Formen, die eine vermittelnde Funktion übernehmen (Pfister, 2001, S. 22):

- Figuren, die sich „dem Publikum selbst vermittelnd interpretieren“,
- kommentierende und interpretierende „Nebentexte“ in Form von Einleitungen, Vorwörtern und Regieanweisungen sowie
- die Einführung von Regie- und Kommentatorfiguren.

Narrativ-erzählende Texte besitzen im Gegensatz zu szenischen Darstellungen die Möglichkeit, „beliebige Umstellungen der Chronologie des Erzählten, topographische Verschränkungen, Raffung und Dehnung der erzählten Zeit, Erweiterung und Einengung des Schauplatzes“ vorzunehmen (Pfister, 2001, S. 23). Die zeitliche, räumliche und chronologische Anordnung des Erzählten auf der Ebene der vermittelnden Kommunikation gibt dem Erzähler Instrumente an die Hand, den Rezipienten seine eigene Wahrnehmung und Interpretation des Dargestellten zu schildern.

Narrativ-erzählende sowie szenisch-darstellende Texte werden durch jeweils eigene sprachliche Formen gekennzeichnet. Der **Dialog** zwischen zwei oder mehreren Figuren ist die grundlegende Darstellungsform dramatischer Texte, während er in narrativ-erzählenden Texten ein „fakultatives Gestaltungsmittel unter anderen“ (Pfister, 2001, S. 24) darstellt. Der Dialog übernimmt in der szenischen Darstellungsform zum Teil Aufgaben des vermittelnden Kommunikationssystems, „zum Beispiel durch Fragen und Antworten [...], die mehr der Information des Publikums als der gegenseitigen Information dienen“ (Pfister, 2001, S. 21). In szenischen Darstellungsformen können neben der Sprache außersprachliche akustische sowie optische Codes eingesetzt werden, um den Kontext der Situation zu vermitteln. Dabei handelt es sich insbesondere um „Statur und Physiognomie der Schauspieler, Figurengruppierung und -bewegung (Choreographie), Mimik und Gestik, Maske, Kostüm und Requisiten, Bühnenform, Bühnenbild und Beleuchtung“ (Pfister, 2001, S. 25f.).

---

[135] Vgl. für die filmtechnische Umsetzung dieser Ebene Monaco (2004, S. 211).

Dramaturgische Formate und Mittel dienen dazu, Anwendungssituationen narrativ auszugestalten. Damit stehen die dramaturgischen Grundlagen bereit, die im Folgenden mit Bezug auf eine wirtschaftswissenschaftliche Thematik konkretisiert werden.

5.2 Ausgestaltung narrativer Sequenzen

5.2.1 Durchgängiger Bezug zu einem Modellunternehmen

Die narrative Sequenz beschreibt eine typische Situation, in dem ein Problem üblicherweise auftritt. In wirtschaftswissenschaftlichen Zusammenhängen ereignen sich solche typischen Situationen in Unternehmen. Zur Ausgestaltung narrativer Sequenzen werden Probleme, Aufgaben und Prozesse mit Bezug auf ein Unternehmen realitätsnah und authentisch modelliert. Formal kann ein Unternehmen als **System** beschrieben werden (vgl. Abbildung 16).

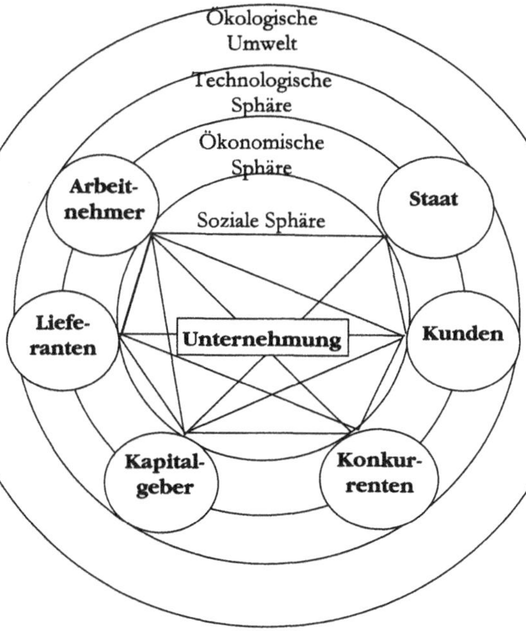

Abbildung 16: Unternehmung und Umwelt (Ulrich, 1984, S. 71, mit freundlicher Unterstützung der Haupt Verlag AG. Copyright by Haupt Berne)

Unternehmen sind offen, d. h. sie treten mit ihrer Umwelt in Beziehung und sind von ihrer Umwelt abhängig, indem sie Einflüsse von außen aufnehmen und nach außen abgeben. Sie sind komplex, d. h. sie sind in sich und mit ihrer Umwelt auf vielfältige Weise vernetzt. Außerdem sind Unternehmen dynamisch, d. h. sie haben einen sich selbst verändernden Charakter und können sich an veränderte Bedingungen anpassen. Zudem sind sie ziel- bzw. zweckorientiert, denn sie existieren im Hinblick auf eine Funktion, im Fall von Unternehmen im Hinblick auf die Leistungserstellung (vgl. Ulrich, 1970, S. 100ff.). Der systemtheoretische Ansatz von Ulrich (1970; 1984) unterscheidet vier verschiedene **Dimensionen** einer Unternehmung: die soziale, ökonomische und technologische Sphäre sowie deren ökologische Umwelt. Jeder Funktionsbereich eines Unternehmens kann mit Bezug auf eine oder mehrere Dimensionen betrachtet werden. Arbeitnehmer, Staat, Kunden, Konkurrenten, Kapitalgeber und Lieferanten betrachten das Unternehmen aus unterschiedlichen **Perspektiven**. Geschäftsprozesse, Situationen, Probleme und Aufgaben in Unternehmen entstehen auf normativer, strategischer oder operativer Managementebenen sowie auf operativer Ausführungsebene, d. h. in verschiedenen **Kontexten** (vgl. Abbildung 17).

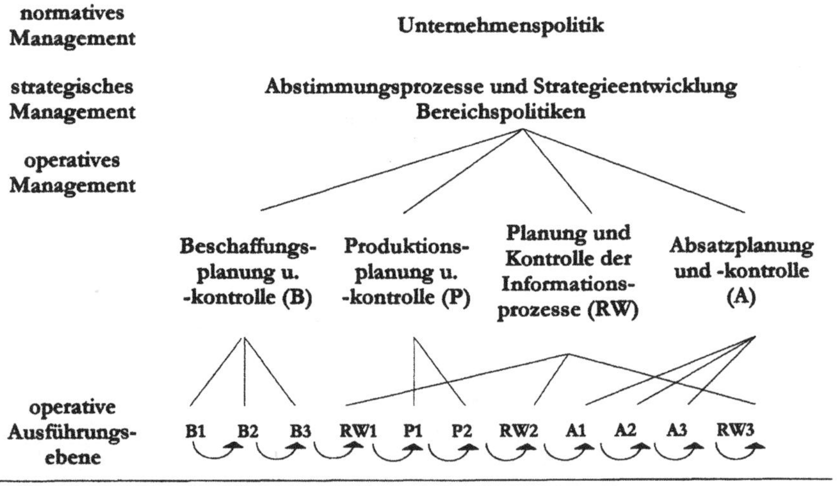

Abbildung 17: Hierarchie der Handlungs- und Entscheidungsbereiche im Unternehmen (Tramm & Gramlinger, 2002, S. 113)

Zur Gestaltung problembasierter Lernumgebungen werden die zu konstruierenden Probleme in einem Modellunternehmen[136] angesiedelt. Im Projekt IMPULS^{EC} wur-

[136] In der vorliegenden Arbeit werden unter Modellunternehmen (computergestützte) Simulationen verstanden, die im modelltheoretischen Sinne ein Abbild real existierender Unternehmen darstellen und den Kontext für didaktisch aufbereitete Problemstellungen, Situationen und Prozesse bilden.

de zu diesem Zweck ein Schuhunternehmen modelliert, die IMPULS-Schuh AG. Das Modell ist einem real existierenden Unternehmen mit vergleichbarer Produktpalette, Organisations- und Ablaufstruktur sowie mit vergleichbaren praktischen Aufgabenstellungen nachempfunden und entwickelt sich in Abhängigkeit von der Qualität der Geschäftsprozessgestaltung der Lernenden. Im Modellunternehmen IMPULS-Schuh AG werden Elemente und Relationen des Systems Unternehmen abgebildet.

E-Commerce und E-Business haben die Prozesse in Unternehmen verändert (vgl. Wirtz, 2000; Picot, Reichwald & Wigand, 2001; Hoppe, 2002; Gabriel, 2002; Wall, 2002; sowie weitere Beiträge in Gabriel & Hoppe, 2002). Für das Modellunternehmen sind entsprechende Situationen zu entwickeln, die die veränderten Geschäftsprozesse und Arbeitsverhältnisse, aber auch die innovativen Organisationsstrukturen und integrierte Softwaresysteme im Zusammenhang mit E-Commerce bzw. E-Business abbilden (vgl. Elster, 2002; Tramm & Gramlinger, 2002; Achtenhagen, Getsch & Preiß, 2002; Getsch & Preiß, 2003; Klauser, Born & Dietz, 2002). Entsprechend der bei Achtenhagen et al. formulierten Schritte (vgl. 2.2) wird bei der Modellierung eines Unternehmens zunächst der zugrunde liegende Datenkranz entworfen. Anschließend können Situationen und Probleme entwickelt werden, die in Unternehmen typischerweise auftreten. Als Aspekte des Problemkontexts werden im Modellunternehmen abgebildet:

- mehrere, zum Teil unterschiedliche Unternehmensziele auf den verschiedenen Ebenen des Managements,
- Zeit-, Entscheidungs- und Konkurrenzdruck sowie unternehmensbedingte Restriktionen,
- Informationsvielfalt sowie zum Teil widersprüchliche Informationen,
- Intransparenz der Variablen, insbesondere der Intentionen und der Ziele der beteiligten Figuren und Entscheidungsträger sowie der vorhandenen Informationen.

Die Modellierung der IMPULS-Schuh AG sowie der zu lösenden Probleme erfolgt auf strategischer und operativer Managementebene. Die normative Ausrichtung des Unternehmens auf E-Commerce wird in der komplexen Problemstellung des Einführungskurses entschieden und ist somit für den gesamten Lehrgang *E-Commerce* festgelegt.

Innerhalb des modellierten Unternehmens handeln Subjekte mit unterschiedlichen Perspektiven und Zielen. Sie lösen Probleme mit Hilfe authentischer Dokumente und Software. Zur Ausgestaltung narrativer Sequenzen wurde ein Rollenkonzept entworfen, das im folgenden Kapitel vorgestellt wird.

5.2.2 Rollenkonzept mit Identifikationsfiguren

Die handelnden Figuren[137] übernehmen innerhalb des modellierten Unternehmens eine spezifische Rolle. Unter einer Rolle versteht Tramm (1997, S. 71) ein „funktional begründetes Bündel von Verhaltensweisen, Verhaltenserwartungen und Verhaltensnormen". Bei der Konstruktion dramaturgischer Anwendungsszenarien für den Lerngegenstand E-Commerce gilt es, Figuren zu entwerfen und zu gestalten, deren Leitidee vom unternehmerischen Denken und Handeln geprägt ist. Gleichzeitig übernehmen diese Figuren auch didaktische Funktionen für die jeweilige Lehr-Lernsituation. Für den problembasierten Einsatz narrativer Sequenzen wurden verschiedene Rollen modelliert, die im Folgenden dargestellt werden (vgl. Abbildung 18).

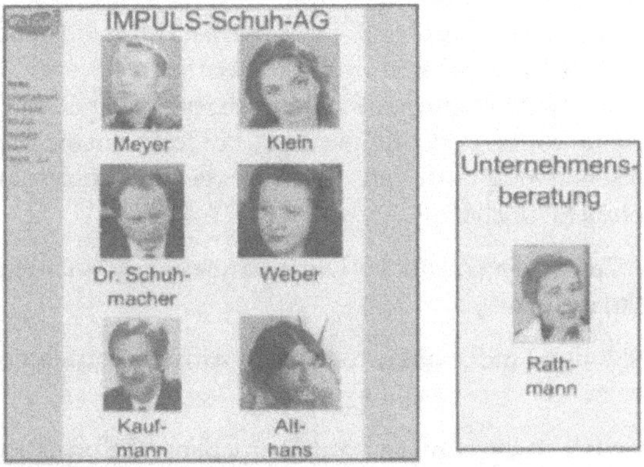

Abbildung 18: Modellierte Figuren der IMPULS-Schuh AG

Im Modellunternehmen IMPULS-Schuh AG agieren zwei Figuren als **Protagonisten** stellvertretend für die Lernenden: die Praktikantin Frau Klein und der Projektleiter Herr Meyer. Beide Identifikationsfiguren übernehmen spezifische Rollen innerhalb des Unternehmens, an die die Lernenden auf diese Weise herangeführt werden.

Der Projektleiter Herr Meyer betrachtet die auftretenden Probleme aus Sicht des Unternehmens. Sein Status als Projektleiter E-Commerce erfordert es, operative Entscheidungen für alle Fachabteilungen zu treffen. Für die strategischen Entscheidungen des Vorstands stellt er Unternehmensdaten zusammen und präsentiert sie.

[137] Im Folgenden wird von nicht von Charakteren oder Personen, sondern von Figuren gesprochen, um den Modellcharakter der Anwendungsszenarien hervorzuheben.

Die Praktikantin Frau Klein studiert Betriebswirtschaftslehre. Frau Klein besitzt durch ihr Studium ein gewisses Maß an Expertise, allerdings fehlen ihr bisher die unternehmensspezifischen Anwendungsmöglichkeiten des erworbenen Wissens. Gleichzeitig repräsentiert die Praktikantin einen externen, vergleichsweise laienhaften Blick auf das Unternehmen und übernimmt Aufgaben auf operativer Ausführungsebene. Durch Frau Klein erhalten die Lernenden einen Einblick in verschiedene Abteilungen und Aufgabenbereiche des Modellunternehmens. Für die Probleme, die die verschiedenen Manager, Abteilungsleiter sowie der Projektleiter Meyer zu lösen haben, übernimmt Frau Klein vorbereitende Aufgaben.

Zu dem modellierten Rollenkonzept gehören neben den Protagonisten, mit denen sich Lernende identifizieren können und die die auftretenden Probleme lösen sollen, weitere dramaturgisch und didaktisch wichtige Figuren, unter anderem:

- ein oder mehrere Auftraggeber, deren Funktion es ist, den Identifikationsfiguren sowohl beim Formulieren und Definieren des Ziels zu helfen als auch beim Erreichen eines Ziels Anerkennung und Feedback zu geben.
- Weiterhin gehören dazu ein oder mehrere Antagonisten oder Gegenspieler, die die Funktion haben, Hindernisse und Konfliktpotenziale bei der Problemlösung einzubringen und damit zur Auseinandersetzung herausfordern sowie
- verschiedene Experten als Ansprechpartner, Helfer und Informanten.

In der narrativen Ausgestaltung der komplexen Problemstellungen beim Lehrgang *E-Commerce* wurden für die IMPULS-Schuh AG zwei Auftraggeber modelliert: der kaufmännische Geschäftsführer Dr. Schuhmacher und die technische Geschäftsführerin Frau Weber. Im Unternehmen begegnen der Praktikantin und damit auch den Lernenden verschiedene Abteilungsleiter wie zum Beispiel der Leiter der Abteilung „Einkauf" mit dem Namen Herr Kaufmann sowie Herr Althans als Leiter der Abteilung „Organisation und IT". Von ihnen erhalten Frau Klein und Herr Meyer Informationen und Unterstützung bei der Bewältigung ihrer jeweiligen Aufgaben. Die Unternehmensberaterin Frau Rathmann repräsentiert die Expertin für E-Commerce. Da sie die IMPULS-Schuh AG aus externer Perspektive analysiert und für umfassende Änderungen eintritt, besteht an dieser Stelle ein Konfliktpotenzial, das Planung, Kommunikation und zielorientierte Abstimmung verlangt.

Alle vorgestellten Figuren handeln in der IMPULS-Schuh AG in spezifischen Situationen und stehen vor Problemen, die es zu lösen gilt. Um diese Situationen und Handlungen ausgestalten zu können, sind narrative Sequenzen dramaturgisch zu strukturieren. Ein Ansatz zur Strukturierung narrativer Sequenzen wird im Folgenden vorgestellt[138].

---

[138] Vgl. für die Beispiele aus dem Projekt IMPULS^{EC} die Darstellungen im Anhang.

5.2.3 Dramaturgische Handlungsstruktur

Jeder erzählten Geschichte, gleich ob im Format des narrativen Textes oder als szenische Darstellung, liegt eine dramaturgische Struktur zugrunde. Nach Eder (1999, S. 111) ist eine populäre Filmdramaturgie durch folgende Kennzeichen definiert[139]:

- Es wird eine einzige Geschichte (Story) mit einem Haupthandlungsstrang (Plot) erzählt, auf den die Nebenhandlungen (Subplots) „funktional und kausal zugeschnitten" sind.
- Die Geschichte folgt einem „geschlossenen, linear entwickelten Bogen" von der Entstehung eines klar definierten Problems zu seiner endgültigen Auflösung.
- Der Konfliktstoff wird dabei „vereinfacht und stilisiert", so dass Überschaubarkeit und Orientierung gewährleistet sind.

Populären Filmen bzw. Geschichten liegt ein Dreiaktschema zugrunde (vgl. Abbildung 19).

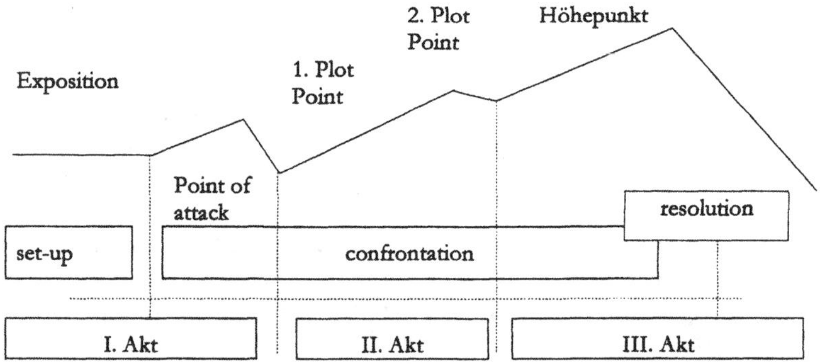

Abbildung 19: Dreiaktschema populärer Geschichten (Eder, 1999, S. 104)

Die Handlung beginnt mit einer Einführung, der Exposition. Anschließend entwickelt sich ein Konflikt, d. h. es wird ein Problem aufgeworfen (Point of Attack) und bis zum Höhepunkt gesteigert. Der Höhepunkt zeigt die Lösung des Problems. Die Steigerung des Konflikts kann durch einen oder mehrere Plot Points unterbrochen und zurückgeworfen werden, um Spannung zu erzeugen. Im Folgenden sollen die dramaturgisch wichtigen Handlungspunkte vorgestellt werden.

Die **Exposition** dient der Einführung in die Handlung. In ihr werden die Schauplätze gezeigt und die handelnden Personen sowie deren Beziehungen zueinander

---

[139] Eder fordert darüber hinaus eine klare Auflösung des Problems am Ende der Geschichte und nennt als einen vierten Punkt die streng tektonische Gliederung in Akte.

vorgestellt. In der Exposition wird mit dem **Point of Attack** eine zentrale Frage gestellt bzw. ein Problem aufgeworfen. Seger (2001, S. 44) stellt fest, dass die zentrale Frage des Point of Attack häufig mit „Ja" beantwortet werden kann, also eine positiv formulierte Frage darstellt[140]. Formal endet die Exposition mit der Problemstellung des Points of Attack. Eder (1999, S. 104) fasst zusammen: „Die Problemlöseversuche der Hauptfiguren beginnen mit dem *point of attack*, die Exposition davor bildet nur einen kleinen Teil des ersten Aktes". Die Lösung des Problems bzw. die Beantwortung der aufgeworfenen Frage erfolgt beim **Höhepunkt**. Der Point of Attack und der Höhepunkt gelten als Anfangs- bzw. Endpunkt der Handlung.

Zwischen Anfangs- und Endpunkt verzögern **Plot Points** die Lösung des Problems. Plot Points werden als „Sinnabschnitte mit klar erkennbaren Grenzen" verstanden (Eder, 1999, S. 105). Es kann sich bei der Abgrenzung dieser Sinnabschnitte durchaus um komplexe Ereignisse handeln. Eder (1999, S. 105) definiert:

> „1. Ein Plot Point ist ein Ereignis (oder Ereigniskomplex) [...] in dem ein Teilziel der Hauptfigur endgültig erreicht oder verfehlt wird und sie ein neues Teilziel auf dem Weg zur Lösung des zentralen Problems ins Auge faßt.
>
> 2. Durch dieses Ereignis wird beim Zuschauer eine Makro-Frage zweiter Ordnung (eine, die weniger umfassend ist als die zentrale Frage des Films) beantwortet und eine neue aufgeworfen."

Plot Points zählen zu den Wendepunkten einer Geschichte. Sie greifen die zentrale Fragestellung des Point of Attack erneut auf und führen in ein neues Umfeld oder eine neue Perspektive ein und bauen so Spannung auf (Seger, 2001, S. 46f.).

5.2.4 Aufbau problembasierter Spannung

Um Spannung[141] gezielt aufzubauen, sehen dramaturgische Ansätze folgende Schritte vor: zunächst wird in das Thema eingeleitet. Ein erster Spannungsaufbau erfolgt durch **Andeutungen** (Prolepse). Bereits sehr früh innerhalb der Geschichte wird ein Hinweis darauf gegeben, dass es ein Problem, ein Rätsel oder einen Konflikt geben wird. Im weiteren Verlauf der Geschichte werden so lange neue Informationen gegeben, bis das Problem deutlich hervor tritt. Anschließend wird das

---

[140] Im Einführungskurs lautet die zentrale Frage, die in der Exposition gestellt wird: „Wird die Impuls-Schuh-AG durch die Einführung von E-Commerce-Lösungen an die Erfolge des konkurrierenden Unternehmens anknüpfen können?" – Die Antwort lautet „Ja.", aber bis dahin sind einige Schritte zu unternehmen, um E-Commerce im Unternehmen zu etablieren. Der Auftrag, den der Projektleiter erhält, stellt nur einen Teilschritt zur Lösung der zentralen Fraugestellung dar.

[141] Spannung wird als Zustand psychophysischer Erregung definiert. Sie richtet sich im Gegensatz zur Neugier auf „die durch eine Ursache verursachten Folgen" (Seibel, 2000, S. 613; vgl. auch Fuchs, 2000).

Problem das erste Mal von einer Figur formuliert. Die Spannung wird an dieser Stelle dadurch gehalten, dass ein **Antwortversprechen** erfolgt, also ein Hinweis darauf, dass es sich um ein lösbares Problem handelt und daher eine Antwort erwartet wird.

Anschließend folgt eine Phase, in der die Antwort zur Lösung des Problems bewusst aufgeschoben wird (**Verzögerung** der Lösung). Dramaturgisch kann dies dadurch bewirkt werden, dass Nebenhandlungen den Vorrang vor der Haupthandlung erhalten oder dass Lösungsmöglichkeiten blockiert werden. Eine weitere Möglichkeit, um Spannung zu erzeugen, besteht dramaturgisch darin, die Zuschauer zu täuschen oder irrezuführen. Pädagogisch ausgedrückt, bilden die Zuschauer durch diese spannungsfördernden Maßnahmen ein mentales Modell, das allerdings in denjenigen Punkten, die die Problemlösung betreffen, fehlerhaft oder unvollständig ist. Die Differenz zwischen fehlerhaftem mentalen Modell und dem Fortgang der Handlung erzeugt dramaturgisch gesehen Spannung. Aus didaktischer Perspektive sind diese spannungsaufbauenden Maßnahmen jedoch nur bedingt sinnvoll. Um zu vermeiden, dass Lernende ein fehlerhaftes mentales Modell aufbauen, kann die Verzögerung der Problemlösung auch durch problembasierte Maßnahmen erfolgen[142].

Zum Aufbau von Spannung in narrativen Sequenzen können komplexe Probleme in Teilprobleme zerlegt werden, die von den Figuren gelöst, verfehlt oder verworfen werden (**Teillösungen**). So besteht aus didaktischer Perspektive heraus die Möglichkeit, Spannung aufzubauen bzw. die Problemlöseversuche der Figuren zu verzögern, ohne dass die Lernenden ein fehlerhaftes mentales Modell des Problemraums aufbauen. Im Verlauf der narrativen Sequenz können außerdem unterschiedliche **Alternativen** zur Lösung erläutert oder gedanklich durchgespielt werden. Dabei ist es durchaus möglich, den Problemlösenden bzw. den Zuschauern Risiken und Fehler der einzelnen Annahmen oder Alternativen vor Augen zu führen oder die Auswirkungen bestimmter Handlungen vorweg zu nehmen. Die Figuren in der narrativen Sequenz können verschiedene Perspektiven auf das Problem und auf die Problemlösung repräsentieren oder sogar mehrere mögliche Lösungen diskutieren. Die Zuschauer besitzen dadurch mehr Informationen als die handelnden Figuren. Auf diese Weise können „[d]ie sich [...] für den Rezipienten ergebenden Wissensdefizite der Figuren oder Spannungen unter ihnen [...] die Rezeption emotionell beeinflussen und die Empfindung der dramatischen Spannung bewirken“ (Fuchs, 2000, S. 43). Zum Schluss der dramaturgischen Handlung wird die richtige Lösung enthüllt.

Mit diesen Maßnahmen ist es möglich, Situationen und Handlungen zu gestalten, die Spannung erzeugt, aber die Lernenden nicht dazu verleitet, ein fehlerhaftes

---

[142] Dazu wird auf handlungstheoretische Konzepte der Problemlöseforschung zurückgegriffen (vgl. Kapitel 2.3.3).

mentales Modell aufzubauen. Typisches Instrument zum Aufbau von Spannung ist nach Fuchs (2000, S. 53) die Frage:

> „Die Frage ist die einfache Form, um der Spannung Ausdruck zu verleihen: die Frage ist ein eindeutiges Zeichen für eine Teilinformiertheit, diese wird thematisiert, sie wird in der kürzest möglichen Zeit durch die folgende Antwort beseitigt und somit wird die Augenblicksspannung aufgelöst."

Spannungsaufbauende Fragen werden an den dramaturgisch wichtigen Punkten gestellt und mit dem Höhepunkt beantwortet.

Die dramaturgischen Handlungsstrukturen, aufgebaut über das dramaturgische Element der Spannung und umgesetzt in dramaturgisch wichtigen Punkten, werden für die Lehr-Lernprozessgestaltung adaptiert, um die Lernenden herauszufordern und zu motivieren und dadurch Lernprozesse zu initiieren. Die diskutierten narrativen und dramaturgischen Ansätze werden im Strukturmodell generativen Problemlösens genutzt, um Lern- und Anwendungssituationen im DTD-Element *Komplexe Problemstellung* so miteinander zu verknüpfen, dass Lernprozesse initiiert, gefördert und kontrolliert werden. Als Instrument dient der Handlungsbogen generativen Problemlösens, dessen Bestandteile im folgenden Kapitel dargestellt werden.

5.3 Handlungsbogen generativen Problemlösens – Instrument zur Verknüpfung von Lern- und Anwendungssituationen

5.3.1 Bestandteile des Handlungsbogens generativen Problemlösens

Zu den dramaturgisch wichtigen Punkten einer Geschichte zählen zunächst der Point of Attack, an dem die Hauptfiguren das Problem zum ersten Mal erkennen, anschließend die Plot Points, die die Lösung des Problems hinauszögern sowie der Höhepunkt, an dem die Hauptfigur das Problem löst. Diese dramaturgischen Punkte werden im Folgenden didaktisch modifiziert (vgl. für die folgenden Ausführungen Abbildung 20 auf der folgenden Seite sowie 8.4).

Die Handlung der Geschichte kann über Videosequenzen oder Animationen narrativ umgesetzt werden[143]. An der Idee der Plot Points setzt das didaktische Konzept der so genannten **didaktischen Haltepunkte** an. An einem Plot Point schließt die

---

[143] Im Projekt IMPULS^{EC} wurden für die komplexen Problemstellungen der Kurse Videosequenzen gedreht. Auch eine informationstechnisch statische Umsetzung ist dramaturgisch dynamisch über eine Bildergeschichte oder authentisches Material (zum Beispiel e-mails oder unternehmensinterne Dokumente) möglich.

Hauptfigur die Bearbeitung eines Teilziels auf dem Weg zur Lösung des übergeordneten Problems ab. Dem Plot Point ist ein didaktischer Haltepunkt zugeordnet[144].

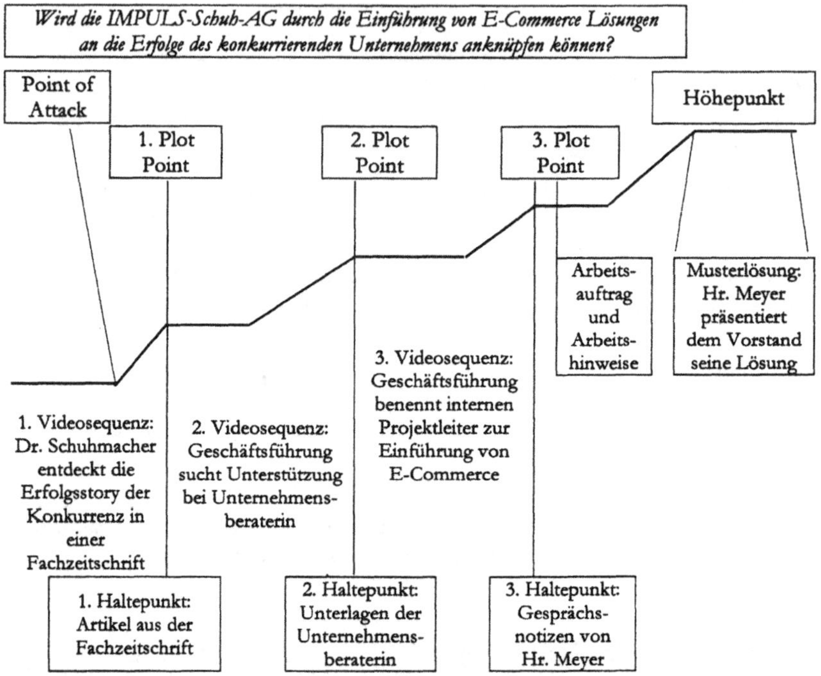

Abbildung 20: Handlungsbogen generativen Problemlösens für den Einführungskurs

Zu einem bestimmten Zeitpunkt innerhalb der Geschichte muss die Hauptfigur eine Entscheidung treffen, ein Produkt erstellen oder einen Sachverhalt bearbeiten. An dieser Stelle brechen die Videosequenzen ab. Um die Geschichte fortzuführen, müssen die Lernenden allein oder in Gruppen aktiv werden. Dazu erhalten die Lernenden einen **Arbeitsauftrag**, der sie anregt, die handelnden Figuren zu unterstützen und ihnen bei der Problemlösung zu helfen[145]. Wird der Lernprozess generativ ausgestaltet und dramaturgisch aufgebaut, so werden die Lernaktivitäten in den Handlungsbogen integriert. Erst wenn die Lernenden die Lernsequenzen bearbeitet haben, wird die Geschichte als **Musterlösung** fortgesetzt[146].

---

[144] Vgl. für ein Beispiel den Screenshot eines Artikels in der fiktiven Fachzeitschrift *Handelswoche* im Anhang.

[145] Vgl. für ein Beispiel den Screenshot der komplexen Problemstellung und des Arbeitsauftrag im Anhang.

[146] Vgl. für ein Beispiel den Screenshot der Musterlösung im Anhang.

Didaktische Haltepunkte, Arbeitsauftrag und Musterlösung als Bestandteile des Handlungsbogens generativen Problemlösens werden im Folgenden mit Bezug auf den Einführungskurs des Lehrgangs *Electronic Commerce* konkretisiert.

5.3.2 Videosequenzen und didaktische Haltepunkte

An einem didaktischen Haltepunkt wird der lineare Ablauf der Videosequenz und damit der Geschichte unterbrochen. Die Lernenden erhalten die Möglichkeit, authentisches Material aus der Geschichte nachzulesen bzw. zu bearbeiten, um die Problemlöseversuche der Hauptfiguren nachzuvollziehen. Aus didaktischer Perspektive vermitteln Haltepunkte weitere Informationen über die Problemsituation. Indem die Lernenden die Haltepunkte bearbeiten, bauen sie ein mentales Modell des Problems auf, d. h. sie entwickeln einen Problemraum.

In der Videosequenz zum Einführungskurs ist der Point of Attack erreicht, als Dr. Schuhmacher einen Artikel aus der *Handelswoche*, einer fiktiven Fachzeitschrift, über die Erfolge des konkurrierenden Unternehmens liest: er beschließt zu handeln. Die Problemlöseversuche von Dr. Schuhmacher erstrecken sich zunächst darauf, unternehmensinterne Unterstützung anzufordern, insbesondere den Rat der technischen Geschäftsführerin Frau Weber. Durch diese Verzögerung wird Spannung aufgebaut. Am Haltepunkt der ersten Videosequenz ist es den Lernenden möglich, den Artikel aus der *Handelswoche* nachzulesen. Sie erhalten damit einen Einblick in die Problemlage und können die Entscheidung des Geschäftsführers individuell nachvollziehen.

Im zweiten Teil der Videosequenzen stellt Dr. Schuhmacher zusammen mit dem Vorstand des Unternehmens fest, dass Unterstützung durch die Unternehmensberaterin Frau Rathmann notwendig wird. Der Unternehmensvorstand entscheidet, E-Commerce im Unternehmen einzuführen. Ein gemeinsames Gespräch zwischen Vorstand und Unternehmensberaterin führt dazu, auch intern einen Verantwortlichen zu benennen (2. Plot Point). In diesem Gespräch deutet die Unternehmensberaterin Frau Rathmann an, dass es für das Problem zwar eine Lösung gibt, diese aber nicht leicht zu erreichen sein wird. Auch an dieser Stelle wird Spannung aufgebaut. Der Vorstand wählt Herrn Meyer als Verantwortlichen für das Projekt E-Commerce. Ein zweiter Haltepunkt stellt den Lernenden die Unterlagen der Unternehmensberaterin zur Verfügung.

Im weiteren Verlauf der Handlung macht Frau Weber Herrn Meyer mit seiner ersten Arbeitsaufgabe als Projektleiter bekannt. Durch das filmtechnische Mittel einer subjektiven Kameraführung[147] wird die Identifikationsfigur Herr Meyer eingeführt.

[147] Eine subjektive Perspektive zielt darauf ab, dass sich der Zuschauer mit der Figur, aus dessen Blickwinkel gefilmt wird, identifiziert (vgl. Seger, 2001, S. 114).

Die den Lernenden bereits bekannte Situation wird von Frau Weber zusammengefasst und mit Konsequenzen versehen: Herr Meyer und mit ihm die Lernenden erhalten den ersten Arbeitsauftrag (3. Plot Point). Herr Meyer soll sich über Einsatzmöglichkeiten von E-Commerce informieren und seine Rechercheergebnisse auf der folgenden Vorstandssitzung präsentieren. Spannung wird an dieser Stelle aufgebaut, indem ein neuer Begriff (E-Business) eingeführt und in Bezug zum Begriff des E-Commerce gesetzt wird[148]. Ein dritter Haltepunkt besteht in den Notizen, die sich Herr Meyer während des Gesprächs gemacht hat.

Dr. Schuhmacher als kaufmännischer Geschäftsführer hat ein Teilziel auf dem Weg zur Problemlösung abgeschlossen: die Notwendigkeit zum Handeln liegen bei der Unternehmensberaterin und dem Projektleiter. An dieser Stelle enden die Videosequenzen der komplexen Problemstellung. Dennoch handelt es sich nicht um die endgültige Auflösung des Problems, also den dramatischen Höhepunkt, sondern um einen Plot Point. Den Lernenden stellt sich die Frage, ob es der Impuls-Schuh AG durch die Zusammenarbeit von Frau Rathmann und Herrn Meyer möglich sein wird, ebensolche Erfolge wie das konkurrierende Unternehmen zu erzielen. Eine Fortführung der Geschichte setzt allerdings die aktive Auseinandersetzung der Lernenden mit den Lernsequenzen voraus.

5.3.3 Arbeitsauftrag

Die Lernenden erhalten mit dem Arbeitsauftrag eine Aufforderung, die handelnden Personen der Anwendungssituation beim Lösen ihrer Probleme zu unterstützen. Zur **Aufforderung** gehören nach Biber und Wittwer (1994, S. 144) ein zur Handlung aktivierendes Verb, der Gegenstand der Handlung sowie die Bedingungen bzw. Zielsetzungen der Handlung. Der Arbeitsauftrag enthält diejenigen Instrumente zur Problemlösung, die in der Videosequenz nicht bzw. nicht ausreichend dargestellt wurden.

Im Arbeitsauftrag formuliert der Autor das **Ziel** und die der komplexen Problemstellung zugrunde liegende Intention mit Bezug auf einzelne Phasen des Problemlöseprozesses. Der Arbeitsauftrag muss konkrete sprachliche Formulierungen und methodische Vorgaben über die Art und den Umfang der geforderten Ergebnisse für die Lernenden enthalten. Im Arbeitsauftrag zum Einführungskurs wird von den Lernenden verlangt,

- die Bedeutung von E-Commerce und E-Business für das Unternehmen herauszustellen,
- eine begriffliche Abgrenzung der beiden Termini vorzunehmen sowie

---

[148] Das Problem wird in Teilprobleme aufgeteilt und es werden Alternativen angedeutet.

- Einsatzgebiete und Umsetzungsmöglichkeiten für die IMPULS-Schuh AG darzustellen.

Ergebnis des Problemlöseprozesses ist ein konkretes „Produkt", also eine technische Anpassung oder Softwarelösung, ein Curriculum für eine Mitarbeiterschulung oder ein betriebswirtschaftliches Konzept. Bei den erstellten Produkten handelt es sich jeweils um eine von mehreren Problemlösungen, deren Lösungsweg von den beteiligten Lernenden abhängt. Im Einführungskurs werden die Lernenden im Arbeitsauftrag auf das Ergebnis der Problemlösung[149] hingewiesen. Zusätzlich erhalten die Lernenden Hinweise über den Umfang des Ergebnisses sowie auf Referenzmodelle.

Darüber hinaus sind im Arbeitsauftrag die einzelnen **Schritte zur Bearbeitung** der komplexen Problemstellung explizit zu benennen[150]. Mit Bezug auf die Problemstruktur können Fachautoren den Lernenden in diesem Element Hinweise auf Vernetztheit und Komplexität der Variablen sowie deren Dynamik geben. Weiterhin ist es möglich, den Lernenden aus dem Problemkontext Auskünfte auf intransparente Variablen, verschiedenartige und gegenläufige Ziele sowie deren Offenheit zu geben. Neben Angaben zur Wahrnehmung der Differenz zwischen Anfangs- und Zielzustand kann der Arbeitsauftrag mögliche Hindernisse und Randbedingungen auf dem Weg zum Ziel, die geeignete Abfolge von Operationen und Maßnahmen sowie entsprechende Problemlösemethoden enthalten.

Neben Hinweisen auf allgemeine **Problemlösemethoden** finden sich im Arbeitsauftrag Angaben zu problem- bzw. fachspezifischen Dokumenten und Instrumenten. Die Formulierungen des Arbeitsauftrags sind mit konkreten Anweisungen für die individuelle Lernsituation verbunden und beziehen sich auf die in der Videosequenz gezeigte Anwendungssituation, in der die Identifikationsfigur des Modellunternehmens das Problem bearbeitet. Dieser Bezug sollte sich auch in den Formulierungen widerspiegeln[151]. Schließlich kann der Arbeitsauftrag Hinweise auf grundlegende allgemeine sowie fachspezifische Methoden, Modelle und Konzepte aufweisen.

In der Folge erarbeiten die Lernenden für Herrn Meyer den Bericht, den dieser auf der Vorstandssitzung halten soll. Die Informationen, die die Lernenden für die Erstellung des Reports benötigen, erhalten sie in den Lernsequenzen, d. h. den Modulen und Lektionen. Die Lernsequenzen sind ebenso wie die bereit gestellten Instrumente und Tools[152] Komponenten der Lernumgebung bzw. der Lernsituation. Sie

---

[149] Im Einführungskurs handelt es sich um einen Management-Report mit Gliederung und Summary.

[150] Zum Beispiel „Wägen Sie Vor- und Nachteile ab!"

[151] Als Beispiel ließe sich anführen „Erarbeiten Sie für Herrn Meyer...".

[152] Zum Beispiel PowerPoint zur Aufbereitung von Präsentationen.

sind außerdem Bestandteil der Anwendungssituation bzw. der Problemlöseumgebung, denn sie sind zentraler Bestandteil der Recherche von Herrn Meyer.

5.3.4 Musterlösung

Ein Kennzeichen komplexer Probleme besteht darin, dass für die Lösung nicht nur eine richtige Möglichkeit existiert. Stattdessen gibt es unterschiedliche Alternativen, die jeweils in unterschiedlichem Maß akzeptiert werden (vgl. Voss, 1990; Frensch & Funke, 1995; Funke, 2003). Kriterium für eine „gute" Lösung ist demnach das Maß, in dem die Lösung allgemein bzw. im Expertenkreis als angemessen anerkannt wird. Im Gegensatz dazu sind bei gut strukturierten Problemen Kriterien vorhanden, ab wann eine Lösung als „richtig" gilt. Voss (1990, S. 333) schlägt vor, die Lösung schlecht strukturierter Probleme wie Argumente[153] zu behandeln und danach zu bewerten, ob und wie die Lösung begründet wird:

> „Das Individuum muß die Vergegenwärtigung des Problems rechtfertigen, indem es Beweise dafür erbringt. Experten tun dies typischerweise, indem sie Geschichte und Entstehungsgründe des Problems beschreiben. Beim Vorliegen der Repräsentation rechtfertigt der Problemlöser die Lösung auf dieselbe Art wie Experten, die sagen, warum gerade diese Lösung funktionieren wird und auf welche Art sie eventueller Kritik begegnen oder mögliche Defizite der Lösung beseitigen können. Sie beschäftigen sich, in anderen Worten, mit Gegenargumenten. Für eine solche Beurteilung muß man die drei zuvor genannten Kriterien heranziehen, nämlich die Annehmbarkeit der Gründe (Rechtfertigungen), die Unterstützung, die die Gründe für die Schlußfolgerung liefern (Repräsentation oder Lösung) und das In-Betracht-Ziehen von Gegenargumenten. Ob eine solche Lösung funktioniert, ist eine empirische Frage."

Die Lernenden können sich als Musterlösung eine Videosequenz ansehen, in der die Hauptfigur der Geschichte das Problem löst. Gleichzeitig erhalten sie die Unterlagen und Ergebnisse der von der Hauptfigur erarbeiteten Lösung[154]. Die Lernenden erhalten mit der Musterlösung einen Einblick darin, wie die im Modellunternehmen handelnden Experten das Problem analysieren und bearbeiten.

Die in der Musterlösung vorgestellte Lösung umfasst sowohl die Ergebnisse der Problemlösung als auch die Darstellung des Lösungsprozesses, der zu diesen Ergebnissen geführt hat. Die Lernenden sind aufgefordert, ihren eigenen Lösungsvor-

---

[153] Argumente bestehen nach Voss (1990, S. 332) zumindest aus „einer Schlußfolgerung und einer Prämisse (oder einem logischen Grund)". Er präzisiert: „Die Fundiertheit eines Argumentes beruht auf drei Kriterien. Erstens muß die Begründung akzeptabel sein, zweitens muß sie die Schlußfolgerung stützen, und drittens müssen Gründe berücksichtigt werden, die der Schlußfolgerung widersprechen – in anderen Worten: Gegenargumente sind zu berücksichtigen." (1990, S. 332).

[154] Im Einführungskurs sind das die Präsentationsunterlagen sowie der Managementreport.

schlag mit der Musterlösung zu vergleichen und Alternativen zu diskutieren. Mit der in der Musterlösung dargestellten Anwendungssituation werden die Lernenden in der individuellen Lernsituation angeregt, ihre eigene Lösung zu reflektieren und kritisch zu bewerten. Der Vergleich mit der vorgegebenen Musterlösung soll Prozesse der Systematisierung und Reflexion bei den Lernenden unterstützen.

Die vorgestellten Bestandteile des Handlungsbogens generativen Problemlösens sind nun in die informationstechnische DTD-Struktur zu integrieren.

5.3.5 Umsetzung der Bestandteile des Handlungsbogens generativen Problemlösens im DTD-Element Komplexe Problemstellung

Die komplexe Problemstellung wird informationstechnisch in einem gleichnamigen DTD-Element umgesetzt (vgl. Abbildung 21).

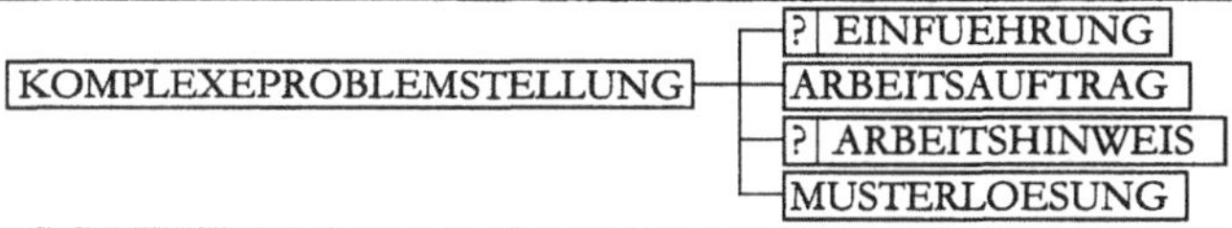

Abbildung 21: Bestandteile des DTD-Elements *Komplexe Problemstellung*[155]

Ziel der komplexen Problemstellung ist es, Problemlöseprozesse zu initiieren und Lernende zum Handeln bzw. zum Problemlösen aufzufordern. Um Lernprozesse zu initiieren, wird den Lernenden eine narrativ umgesetzte Anwendungssituation gezeigt. Während der Geschichte wird Spannung aufgebaut. An einem dramaturgisch wichtigen Punkt bricht die Handlung der Geschichte ab und die Lernenden erhalten den Auftrag, die in der Geschichte dargestellten Personen bei der Problemlösung zu unterstützen. Die Bestandteile der komplexen Problemstellung beziehen sich also einerseits auf die narrativ ausgestalteten Anwendungssituationen sowie andererseits auf die Lernsituationen und den intendierten Lernprozess. Beide Bezugsebenen haben unterschiedliche Funktionen in der Lehr-Lernprozessgestaltung[156] und sind daher informationstechnisch in verschiedenen Elementen umzusetzen.

Aus diesem Grund wurde das DTD-Element *Komplexe Problemstellung* informationstechnisch als Containerelement umgesetzt. Es setzt sich aus den Unterelementen *Einführung* zum Problem, dem *Arbeitsauftrag* und den *Arbeitshinweisen* zusammen. Des Weiteren enthält das Element eine *Musterlösung*, mit der die Lernenden am En-

[155] Vgl. die Legende auf S.12.

[156] Einerseits darstellen, andererseits auffordern.

de des Problemlöseprozesses ihre individuellen Lösungen vergleichen können. *Arbeitsauftrag* und *Musterlösung* sind obligatorische DTD-Elemente, *Einführung* und *Arbeitshinweise* können die Fachautoren fakultativ hinzufügen.

Im Element *Einführung* werden die in den Videosequenzen dargestellten Anwendungssituationen und die authentischen Materialien der didaktischen Haltepunkte informationstechnisch in die Struktur der Lernumgebung integriert. Die Elemente *Arbeitsauftrag* und *Arbeitshinweise* strukturieren die intendierten Lernsituationen und setzen die Anweisungen und Hilfestellungen informationstechnisch um. Das Element *Musterlösung* enthält Videosequenzen und andere Dateien, die den Fortgang der dargestellten Geschichte repräsentieren.

Videosequenzen, Haltepunkte, Arbeitsauftrag und Musterlösung sind Bestandteile des Handlungsbogens generativen Problemlösens und dienen dazu, diejenigen Anwendungssituationen, die in den Videosequenzen gezeigt werden, dramaturgisch über die Videosequenz hinaus mit den jeweiligen Lernsituationen zu verknüpfen und dadurch Lernaktivitäten zu initiieren. Die Lernenden werden in die Bearbeitung der Probleme schrittweise eingeführt und bei der Lösung begleitet, ohne dass die Lerninhalte in atomisierte Teile zerlegt werden müssen.

6 Schlussbetrachtung und Ausblick

In der vorliegenden Arbeit wurde die Konstruktion problembasierter Lernumgebungen im Spannungsfeld von Pädagogik und Informationstechnik aus interdisziplinärer Sicht diskutiert. Der Fokus lag auf der Entwicklung einer integrativen Konzeption zur Konstruktion problembasierter Lernumgebungen. Dabei wurde insbesondere der Fragestellung nachgegangen, wie eine pädagogisch akzentuierte, informationstechnisch umgesetzte Struktur für problembasierte Lernumgebungen so konstruiert werden kann, dass die entstehenden Lernumgebungen die jeweils intendierten Lernprozesse, verstanden als metakognitiv reflektierte Problemlöseprozesse, initiieren und fördern. Aus dieser Fragestellung ergaben sich zwei miteinander verschränkte Forschungsbereiche:

(1) Zunächst ging es darum, wie Lernumgebungen problembasiert strukturiert werden können und wie die problembasierte Struktur informationstechnisch umgesetzt werden kann. Als Voraussetzung für die informationstechnische Strukturierung musste zunächst die Modularität und Granularität der Lernsequenzen in Abhängigkeit der informationstechnischen und pädagogischen Funktion bestimmt werden.

(2) Dabei war gleichzeitig der Frage nachzugehen, wie problembasierte Lernumgebungen situiert auszugestalten sind, d. h. wie Anwendungs- und Lernsituationen miteinander verknüpft werden können, damit komplexe Problemstellungen ihre Funktion als curriculare und didaktisch-methodische Ausgangs- und Bezugspunkte für die intendierte Lehr-Lernprozessgestaltung erfüllen können.

Mit Blick auf beide Forschungsperspektiven liefert die vorliegende Arbeit folgende Ergebnisse: Mit dem entwickelten **Strukturmodell generativen Problemlösens** liegt eine durchgängig nach pädagogischen Kriterien entwickelte Konzeption zur Konstruktion problembasierter Lernumgebungen vor. Das Strukturmodell wurde im Rahmen des Projekts IMPULS^{EC} mit XML in eine *Document Type Definition auf Grundlage des Problem-Based Learning* (PBL-DTD) umgesetzt.

Das Strukturmodell und die PBL-DTD können die Fachautoren bei der Erstellung problembasierter Lernumgebungen pädagogisch wirkungsvoll unterstützen. Die PBL-DTD kann die pädagogische Expertise der Fachautoren allerdings nicht ersetzen. Mit der Nutzung von DTDs erhalten Fachautoren zwar Anweisungen, die ihnen helfen, fehlerhafte Strukturen zu vermeiden. Diese Vorschriften beziehen sich aber nur auf die Syntax bzw. die Validität mit der durch die DTD vorgegebene Struktur. Eine semantische Qualitätskontrolle im Sinne einer fachlichen Richtigkeit der Inhalte, der pädagogischen Wirkungsweise einzelner Elemente sowie im Sinne einer didaktischen Kohärenz zum Beispiel beim inhaltlichen Bezug auf das Modellunternehmen lässt sich über die Strukturvorlage einer DTD nicht leisten. Die DTD ist daher im Strukturmodell um Richtlinien bzw. Hinweise zur Ausgestaltung der Strukturkomponenten zu ergänzen. Insbesondere die Ausgestaltung der komplexen

Problemstellung sowie bei der Verknüpfung der Anwendungs- und Lernsituationen benötigen Fachautoren weitere Instrumente zur Strukturierung.

Zur Unterstützung der Fachautoren wurde in der vorliegenden Arbeit als Instrument der **Handlungsbogen generativen Problemlösens** entwickelt. Mit dem Handlungsbogen werden so genannte didaktische Haltepunkte zwischen die einzelnen Videosequenzen der komplexen Problemstellung gesetzt. Ein konkreter Arbeitsauftrag an die Lernenden schließt die Videosequenzen ab. Weiterhin erarbeiten die Fachautoren mit dem Handlungsbogen eine Musterlösung, mit der die Lernenden nach erfolgreicher Problembearbeitung ihre eigenen Lösungen vergleichen können. Über das DTD-Element *Komplexe Problemstellung* werden die Bestandteile des Handlungsbogens informationstechnisch in die PBL-DTD eingebettet. Ob es im konkreten Einsatz der problembasierten Lernumgebungen in der Lehr-Lernprozessgestaltung gelingt, Lernprozesse über die Verknüpfung der Anwendungs- und Lernsituation zu initiieren, ist allerdings von der fachdidaktischen Ausgestaltung der einzelnen DTD-Elemente, d. h. von den jeweiligen Fachautoren abhängig.

Mit Blick auf die eingangs konstatierten Defizite in der aktuellen Praxis zur Konstruktion computergestützter Lernumgebungen (vgl. 1.1) kann als Erkenntnis der vorliegenden Arbeit weiterhin festgehalten werden:

- Die Übertragbarkeit informationstechnischer Annahmen auf die Konstruktion von Lernumgebungen ist nur eingeschränkt, und nur unter der Prämisse möglich, dass computergestützte Lernumgebungen nicht ausschließlich als Instrument zur Vermittlung von Informationen sondern auch als Medien zur planvollen Ausgestaltung intendierter Lehr-Lernprozesse betrachtet werden. Anders formuliert: Um einen interdisziplinären Entwicklungsprozess zu gewährleisten, sind informationstechnische Positionen um pädagogische Paradigmen anzureichern.

- Lernumgebungen können allerdings nur dann pädagogisch wirkungsvoll computergestützt umgesetzt werden, wenn pädagogische Paradigmen und Implikationen bereits bei der Auswahl und Anpassung der informationstechnischen Architektur, Systeme und Programme berücksichtigt werden. Vielmehr ist es notwendig, Strukturen, Methoden und Instrumente, die Fachautoren beim Erstellen von Lernumgebungen einsetzen, interdisziplinär zu entwickeln. Ein interdisziplinäres Vorgehen muss bereits bei der Konzeption der Lernumgebungen ansetzen, damit integrative Lösungen entstehen.

Aus den Ergebnissen der vorliegenden Arbeit lassen sich darauf aufbauend die folgenden weiterführenden Forschungsfelder identifizieren:

- Für die interdisziplinäre Arbeit sind integrative Vorgehensmodelle zu entwickeln, die neben pädagogisch akzentuierten Zielvorgaben auch pädagogische Schrittfolgen bei der Lehr-Lernprozessgestaltung explizit berücksichtigen. Insbesondere die Abfolge und Ausgestaltung verschiedener Schritte oder Phasen, die Fachautoren bei der Erstellung problembasierter Lernumgebungen mit der

PBL-DTD bewältigen, steht noch aus. Dabei ist zu berücksichtigen, dass an der Konstruktion von Lernumgebungen verschiedene Personen zu verschiedenen Zeiten mit verschiedenen Aufgaben befasst sind (vgl. Bruns & Gajewski, 2002; Hohenstein & Wilbers, 2002).

- Die vorliegende Arbeit nutzt das XML-Konzept, um Lernsequenzen sowie deren Komponenten modular zu verwalten und gleichzeitig pädagogisch zu strukturieren. Die Potenziale, die die vorgestellte Architektur für den Einsatz in Lehr-Lernsituationen bietet, sind damit bei weitem nicht ausgeschöpft. Beispielhaft sollen hier nur zwei Entwicklungsperspektiven skizziert werden:
  - Mit einem XML-basierten Content Management System (CMS) können verschiedene Versionen eines Lernobjekts erstellt und bearbeitet werden (Kartchner, 1998; Gersdorf & Schoop, 2003; Maass, 2004; Baumgartner, 2004). Damit scheint es geeignet, als kognitives Werkzeug bzw. Tool[157] in der Lehr-Lernprozessgestaltung eingesetzt zu werden. Für den Einsatz in Lehr-Lernsituationen wäre es denkbar, die Lernenden eigene Materialien erstellen oder bestehende Lernobjekte bearbeiten zu lassen. Eine Versionsverwaltung des CMS könnte sicherstellen, dass Lernende auf ihr eigenes Material und nicht die Original-Lernobjekte zugreifen können. Um den Einsatz eines CMS in Lehr-Lernsituationen zu erweitern, wäre es notwendig, die Funktionen der zugrunde liegenden Architektur, insbesondere des LMS und des CMS unter pädagogischen Maßgaben aufeinander abzustimmen. Notwendig wäre einerseits die pädagogische Auseinandersetzung mit den Funktionen und Tools, die die jeweiligen Systeme anbieten, sowie andererseits ein einheitliches Rollenkonzept, das neben dem Autor, dem Tutor und dem Administrator verschiedene Lernergruppen mit unterschiedlichen Rechten vorsieht.
  - Die der Architektur zugrunde liegenden Systeme CMS und LMS werden in Unternehmen genutzt, um Produktions- und Verwaltungsprozesse informationstechnisch zu unterstützen. Es bietet sich aus diesem Grund an, sie auch zur Konstruktion von Modellunternehmen einzusetzen. Dazu müsste neben dem benötigten Datenkranz, der bisher für Modellunternehmen entwickelt wird, auch eine informationstechnische Modellierung vorgenommen werden. Erweitert werden könnte die Architektur um die Ausgestaltung eines (modell-)unternehmensinternen Intranets.
- Aus informationstechnischer Perspektive ist die Strukturierung und Sequenzierung dynamischer Medien wie Video- und Audiosequenzen oder Animationen sowie statischer Bildmedien weiter zu entwickeln. Die Strukturierung, Sequenzierung und Synchronisation (multi-)medialer Strukturkomponenten ist nur mit den XML-Anwendungen SVG bzw. SMIL möglich (vgl. Goetz, 2000; Bulterman & Rutledge, 2004; Cagle, 2005), die bisher von der gängigen Clientsoftware

[157] Vgl. zum Einsatz von Computern als kognitive Werkzeuge beispielsweise Jonassen und Reeves (1996) oder Fischer und Mandl (2000).

sowie von Lernplattformen und Web-Browsern noch nicht durchgängig unterstützt werden. Für die Konstruktion von Lernumgebungen mit XML lässt sich aus den Ergebnissen dieser Arbeit der Schluss ziehen, dass die Kriterien zur Strukturierung auch bei nicht-textuellen Medien aus deren pädagogischen Funktionen im Lehr-Lernprozess abgeleitet werden können. Mit dem Einbezug dramaturgischer Ansätze in die narrative Gestaltung dynamischer Medien und dem in 5.3 entwickelten Handlungsbogen generativen Problemlösens liegt ein erster Schritt in diese Richtung vor. Im Anschluss daran müsste eine informationstechnische Umsetzung mit SVG und SMIL erfolgen.

- Aus pädagogischer Perspektive ist der elaborierte Aufbau von Fachbegriffen ein wesentlicher Teil des Lernprozesses (vgl. Preiß, 1992; 1999b; Klauser, 2000). Im Strukturmodell generativen Problemlösens werden den Lernenden Begriffe über das Glossar dargeboten. Gleichzeitig stehen sie im Problemzusammenhang und dienen den Lernenden über den Advance Organizer als Orientierung und zur Navigation zwischen den Lerninhalten. Bei der Konstruktion des Strukturmodells generativen Problemlösens sowie dessen Umsetzung in der PBL-DTD wurde in dieser Arbeit der Schwerpunkt auf der didaktisch-methodischen und narrativen Ausgestaltung der komplexen Problemstellung sowie der problembasierten Aggregation von Modulen gelegt. Die Wirkungsweise des Glossars sowie des Advance Organizers im Zusammenhang mit einem problembasierten Aufbau der Lernumgebung wäre intensiver zu untersuchen. In diesem Zusammenhang ist darauf hinzuweisen, dass die fachdidaktische Auseinandersetzung mit den Lerngegenständen E-Commerce bzw. E-Business noch am Anfang steht.

- Auch der Einsatz synchroner und asynchroner Kommunikationsinstrumente in der computergestützten Lehr-Lernprozessgestaltung ist noch nicht hinreichend empirisch untersucht (vgl. Fischer, Bruhn, Gräsel & Mandl, 2000; Reinmann-Rothmeier & Mandl, 2002; Schnurer, Stark & Mandl, 2003; Born & Dietz, 2004). So wäre es denkbar und wünschenswert, in der Lehr-Lernprozessgestaltung explizit Phasen der Kommunikation und Kooperation vorzusehen und in die PBL-DTD entsprechende Instrumente und Tools zu implementieren.

- Eine pädagogisch sinnvolle Komplexität der Problemstellungen lässt sich nur im Hinblick auf die konkrete Unterrichtsvorbereitung ausmachen (vgl. Klauser, 1998c; 1998d; 2002). Aus fachdidaktischer Perspektive gilt es festzustellen, wie die Handlungsaufforderungen an die Lernenden zur Bearbeitung der komplexen Problemstellungen mit Bezug auf den Lerngegenstand E-Commerce bzw. E-Business zu konkretisieren sind. Dabei ist insbesondere zu fragen, welche Schritte zur Problemlösung und welche Problemlösemethoden und -heuristiken den Lernenden als Hilfestellungen zur Verfügung gestellt werden sollten. Ebenso gilt es zu untersuchen, welche Freiheitsgrade bei der Bearbeitung der komplexen Problemstellungen für verschiedene Lerngruppen wirkungsvoll sind und wie diese informationstechnisch umgesetzt werden können (vgl. Achtenhagen et al., 1992).

- Die filmtechnische Ausgestaltung der Videosequenzen und Animationen arbeitet mit Mitteln der Verfremdung und Identifikation (vgl. Link, 1990; Mikat, 1992; Weidenmann, 1993; Kittelberger & Freisleben, 1994; Eder, 1999; Monaco, 2004). Die Auswirkungen, die diese dramaturgischen Mittel auf die Lernenden haben, sind aus pädagogischer Perspektive zu untersuchen. In der vorliegenden Arbeit wurden Maßnahmen zum Aufbau von Spannung problembasiert hergeleitet, damit Lernende kein fehlerhaftes mentales Modell des Problemraums aufbauen. Die Wirkung dieser dramaturgischen Maßnahmen zum Aufbau problembasierter Spannung gilt es empirisch zu überprüfen. Des Weiteren sind andere dramaturgische Mittel wie zum Beispiel die Kameraführung oder der Einsatz von Animationen auf ihre Wirkung im Lehr-Lernprozess zu untersuchen. In diesem Zusammenhang sollte das Konzept einer authentischen Lernumgebung aus pädagogischer Perspektive präzisiert werden (vgl. Henninger, Mandl, Pommer & Linz, 1999; Achtenhagen & Weber, 2003).

Mit diesen weiterführenden Forschungsfeldern ist der Bogen geschlagen zwischen einer fachdidaktischen Annäherung an die Lerngegenstände E-Commerce und E-Business, einer curricularen, didaktisch-methodischen und medialen Ausgestaltung problembasierter Lernumgebungen sowie deren informationstechnischer Umsetzung, für die das in der vorliegenden Arbeit entwickelte Strukturmodell generativen Problemlösens die Ausgangsbasis bildet.

7 Literatur

Achtenhagen, F. (1992). Lernen, Denken, Handeln in komplexen ökonomischen Situationen - Sechzehn Aussagen zu Ergebnissen des Göttinger Forschungsprojekts, verbunden mit einem Ausblick für eine weitere Forschungs- und Entwicklungsarbeit. In F. Achtenhagen & E. G. John (Hrsg.), *Mehrdimensionale Lehr-Lern-Arrangements: Innovationen in der kaufmännischen Ausbildung* (S. 39-42). Wiesbaden: Gabler.

Achtenhagen, F. (1996). Situationsorientierung als Beitrag zur fachdidaktischen Innovation. In R. Fortmüller & J. Aff (Hrsg.), *Wissenschaftsorientierung und Praxisbezug in der Didaktik der Ökonomie* (S. 23-42). Wien: Manz-Verl. Schulbuch.

Achtenhagen, F. (2001). Criteria for the development of complex teaching-learning environments. *Instructional Science, 29*, 361-380.

Achtenhagen, F., Getsch, U. & Preiß, P. (2002). Didaktische Aufbereitung der durch Electronic Business geprägten Handlungsfelder in der beruflichen Bildung - am Beispiel des Rechnungswesens in integrierten Informationssystemen. In R. Gabriel & U. Hoppe (Hrsg.), *Electronic Business* (S. 361-383). Heidelberg: Physica-Verlag.

Achtenhagen, F. & John, E. G. (Hrsg.). (1992). *Mehrdimensionale Lehr-Lern-Arrangements. Innovationen in der kaufmännischen Aus- und Weiterbildung*. Wiesbaden: Gabler.

Achtenhagen, F., Tramm, T. P., Preiß, P., Seemann-Weymar, H., John, E. G. & Schunck, A. (1992). *Lernhandeln in komplexen Situationen. Neue Konzepte der betriebswirtschaftlichen Ausbildung*. Wiesbaden: Gabler.

Achtenhagen, F. & Weber, S. (2003). „Authentizität" in der Gestaltung beruflicher Lernumgebungen. In A. Bredow, R. Dobischat & J. Rottmann (Hrsg.), *Berufs- und Wirtschaftspädagogik A-Z*. (S. 185-199). Baltmannsweiler: Schneider Verlag Hohengehren. (Diskussion Berufsbildung; 4).

ADL. (11-5-2005). *What is SCORM?* http://www.adlnet.org/scorm/index.cfm. Letzter Abruf am 11-5-2005.

Akhas, F. N. & Self, J. A. (2002). Beyond intelligent tutoring systems: Situations, interactions, processes and affordances. *Instructional Science, 30*, 1-30.

Allert, H., Richter, C. & Nejdl, W. (2003). Situated Models and Metadata for Learning Management from an Organisational and Personal Perspective. *Journal of Universal Computer Science, 10* (1), 4-13.

Anders, A. (2003). Unterstützung von Publikationsprozessen in der Technischen Dokumentation. *WiSt* (5), 299-304.

Anders, A., Jungmann, B. & Schramm, D. (2002). XML: Grundlagen und Anwendungen. *WISU, 31* (8-9), 1051-1055.

Arbinger, R. (1997). *Psychologie des Problemlösens. Eine anwendungsorientierte Einführung.* Darmstadt: Primus.

Atkinson, R. K. (2002). Optimizing Learning From Examples Using Animated Pedagogical Agents. *Journal of Educational Psychology, 94* (2), 416-427.

Ausubel, D. P. (1978). Die Förderung bedeutungsvollen verbalen Lernens. *Unterrichtswissenschaft, 1978* (1), 58-66.

Ballstaedt, S.-P. (1994). *Lerntexte und Teilnehmerunterlagen* (2., neu ausgestattete Aufl.). Weinheim: Beltz. (Mit den Augen lernen; 2).

Ballstaedt, S.-P. (1997). *Wissensvermittlung. die Gestaltung von Lernmaterial.* Weinheim: Beltz, Psychologie-Verlags-Union.

Ballstaedt, S.-P., Mandl, H., Schnotz, W. & Tergan, S.-O. (1981). *Texte verstehen, Texte gestalten.* München: Urban und Schwarzenberg.

Balzert, H. (1992). *Die Entwicklung von Software-Systemen. Prinzipien, Methoden, Sprachen, Werkzeuge.* Mannheim: BI-Wissenschaftsverlag.

Balzert, H. (1998). *Lehrbuch der Software-Technik. Bd. 2: Software-Management, Software-Qualitätssicherung, Unternehmensmodellierung.* Heidelberg: Spektrum Akademischer Verlag. (Lehrbücher der Informatik).

Balzert, H. (2000). *Lehrbuch der Software-Technik. Bd. 1: Software-Entwicklung* (2. Aufl.). Heidelberg: Spektrum Akademischer Verlag. (Lehrbücher der Informatik).

Barrows, H. S. (1985). *How to design a problem-based curriculum for the preclinical years.* New York: Springer.

Barrows, H. S. & Myers, A. C. (1993). *Problem-based learning in secondary schools.* New York: Norton.

Barrows, H. S. & Tamblyn, R. M. (1980). *Problem-based learning: An approach to medical education.* New York: Springer.

Baumgartner, P. (2004). *Content Management Systeme in e-Education. Auswahl, Potenziale und Einsatzmöglichkeiten.* Innsbruck: StudienVerlag.

Beck, K. (1996). Die „Situation" als Bezugspunkt didaktischer Argumentation - Ein Beitrag zur Begriffspräzisierung. In W. Seyd & R. Witt (Hrsg.), *Situation, Handlung, Persönlichkeit. Kategorien wirtschaftspädagogischen Denkens* (S. 87-98). Hamburg: Feldhaus. (Materialien zur Berufsbildung; Band 6).

Biber, J. & Wittwer, K. (1994). Die Gestaltung von berufsgerichteten Lernaufgaben/Lernaufgabenfolgen. Eine zentrale Aufgabe des Berufspädagogen. In M. Eckert & J. Rützel (Hrsg.), *Strukturorientierte Didaktiken in der beruflichen Bildung. Konzepte - Formen - Lernortbezug* (S. 141-167). Frankfurt/Main: Verlag der Gesellschaft zur Förderung arbeitsorientierter Forschung und Bildung.

Bode, A. (2003). Informatiker und der Begriff der Information. *Informatik Spektrum*, 315-327.

Bogaschewsky, R., Hoppe, U., Klauser, F., Schoop, E. & Weinhardt, C. (2002). *Impuls^{EC} - Entwicklung eines multimedialen Lehrgangs zum Thema Electronic Commerce.* Osnabrück. (Research Report Impuls^{EC}; 1).

Böhm, M. (2004). BMW: Business-Kino ersetzt Unternehmenstheater. *Wirtschaft & Weiterbildung* (April), 28-30.

Born, V. & Dietz, J. (2004). Strukturierung von Kommunikationsprozessen – Eine zentrale Aufgabe des Tutors zur Förderung netzbasierten kooperativen Lernens. In B. Fürstenau & F. Klauser (Hrsg.), *Beiträge des wissenschaftlichen Nachwuchses* (S. 31-151). Dresden. (Schriften zur sächsischen Wirtschaftspädagogik; Bd. 1).

Boud, D. & Feletti, G. (Hrsg.). (1994). *The Challenge of Problem Based Learning.* London: Kogan Page.

Breuer, J. & Wilbers, K. (2001). Aktuelles Stichwort: e-Learning. *Kölner Zeitschrift für „Wirtschaft und Pädagogik", 16* (31), 65-86.

Bruchhäuser, H.-P. (2001). Wissenschaftsprinzip versus Situationsprinzip? Anmerkungen zum didaktischen „Paradigmenwechsel" in der Berufs- und Wirtschaftspädagogik. *Zeitschrift für Berufs- und Wirtschaftspädagogik, 97* (3), 321-345.

Bruner, J. S. (1974). *Entwurf einer Unterrichtstheorie.* Düsseldorf: Schwann.

Bruns, B. & Gajewski, P. (2002). *Multimediales Lernen im Netz: Leitfaden für Entscheider und Planer* (3., vollst. überarb. Aufl.). Berlin: Springer.

Büchel, G. & Schröder, B. (2001). Verfahren und Techniken in der computergestützten Lexikographie. In I. Lemberg, B. Schröder & A. Storrer (Hrsg.), *Chancen und Perspektiven computergestützter Lexikographie. Hypertext, Internet und SGML/XML für die Produktion und Publikation digitaler Wörterbücher* (S. 7-28). Tübingen: Niemeyer.

Buder, M., Rehfeld, W., Seeger, T. & Strauch, D. (1997). *Grundlagen der praktischen Information und Dokumentation.* München: Saur.

Bulterman, D. C. A. & Rutledge, L. (2004). *SMIL 2.0. Interactive Multimedia for Web and Mobile Devices.* Berlin: Springer. (X.media.publishing).

Burke, R. D. (1998). Representation, Storage, and Retrieval of Tutorial Stories in a Social Simulation. In R. C. Schank (Ed.), *Inside Multi-Media Case Based Instruction* (pp. 175-284). Mahwah, NJ: Erlbaum.

Busse, J., Volk, B. & Schiersmann, C. (2003). Content Management von Leittexten mit XML Topic Maps. *Medienpädagogik, 03* (01), 1-10.

Cagle, K. (2005). The Foundations of SVG. In V. Geroimenko & C. Chen (Eds.), *Visualizing Information using SVG and X3D. XML-based Technologies for the XML-based Web* (pp. 21-62). London: Springer.

Caspi, A., Gorsky, P. & Privman, M. (2005). Viewing comprehension: students' learning preferences and strategies when studying from video. *Instructional Science, 33*, 31-47.

Choi, W. (1997). Designing Effective Scenarios for Computer-Based Instructional Simulations: Classification of Essential Features. *Educational Technology, 37* (5), 13-21.

Clement, C. A. & Yanowitz, K. L. (2003). Using an analogy to model causal mechanisms in a complex text. *Instructional Science, 31*, 195-225.

Cognition and Technology Group at Vanderbilt. (1990). Anchored Instruction and Its Relationship to Situated Cognition. *Educational Researcher, 19* (5), 2-10.

Cognition and Technology Group at Vanderbilt. (1991). Technology and the design of generative learning environments. *Educational Technology, 31*, 34-40.

Cognition and Technology Group at Vanderbilt. (1992a). Some Thoughts About Constructivism and Instructional Design. In T. M. Duffy & D. H. Jonassen (Eds.), *Constructivism and Technology of Instruction. A Conversation* (pp. 115-120). Hilldale: Erlbaum.

Cognition and Technology Group at Vanderbilt. (1992b). Technology and the Design of Generative Learning Environments. In T. M. Duffy & D. H. Jonassen (Eds.), *Constructivism and Technology of Instruction. A Conversation* (pp. 77-90). Hilldale: Erlbaum.

Cognition and Technology Group at Vanderbilt. (1992c). The Jasper Series as an Example of Anchored Instruction: Theory, Program, Description, and Assessment Data. *Educational Psychologist, 27* (3), 291-315.

Cognition and Technology Group at Vanderbilt. (1997). *The Jasper Project: Lessons in curriculum, instruction, assessment, and professional development.* Mahwah, NJ: Erlbaum.

Collins, A., Brown, J. S. & Newman, S. E. (1989). Cognitive Apprenticeship: Teaching the Crafts of Reading, Writing, and Mathematics. In L. B. Resnick (Ed.), *Knowing, Learning and Instruction. Essays in Honor of Robert Glaser* (pp. 453-494). Hillsdale, NJ: Erlbaum.

Craig, S. D., Gholson, B. & Driscoll, D. M. (2002). Animated Pedagogical Agents in Multimedia Educational Environments: Effects of Agent Properties, Picture Features, and Redundancy. *Journal of Educational Psychology, 94* (2), 428-434.

Cress, U. & Knabel, O. B. (2003). Previews in Hypertext. Effects on Navigation and Knowledge Acquisition. *Journal of Computer Assisted Learning, 19*, 517-527.

De Bock, D., Verschaffel, L., Janssens, D., Van Dooren, W. & Claes, K. (2003). Do realistic contexts and graphical representations always have a beneficial impact on students' performance? Negative evidence from a study on modelling non-linear geometry problems. *Learning and Instruction* (13), 441-463.

De Jong, T. & Van der Hulst, A. (2002). The Effects of Graphical Overviews on Knowledge Acquisition in Hypertext. *Journal of Computer Assisted Learning, 18*, 219-231.

Deißinger, T. (1996). Modularisierung der Berufsausbildung: Eine didaktisch-curriculare Alternative zum „Berufsprinzip"? In K. Beck, W. Müller, T. Deißinger & M. Zimmermann (Hrsg.), *Berufserziehung im Umbruch: Didaktische Herausforderung und Ansätze zu ihrer Bewältigung* (S. 189-207). Weinheim: Beltz.

Dichanz, H. & Ernst, A. (2001). Begriffliche, psychologische und didaktische Überlegungen zum „electronic learning". *Medienpädagogik*, 1-30.

Dick, E. (2000). *Multimediale Lernprogramme und telematische Lernarrangements. Einführung in die didaktische Gestaltung.* Nürnberg: BW Bildung und Wissen, Verl. und Software. (Serie Multimediales Lernen in der Berufsbildung).

Dippold, R., Meier, A. & Ringgenberg, A. (2001). *Unternehmensweites Datenmanagement. Von der Datenbankadministration bis zum modernen Informationsmanagement.* Braunschweig: Vieweg.

Dochy, F., Segers, M., Van den Bossche, P. & Gijbels, D. (2003). Effects of problem-based learning: a meta-analysis. *Learning and Instruction, 13* (5), 533-568.

Dörig, R. (1994). *Das Konzept der Schlüsselqualifikationen - Ansätze, Kritik und konstruktivistische Neuorientierung auf der Basis der Erkenntnisse der Wissenspsychologie.* Hallstadt: Rosch.

Dörig, R. (2003). *Handlungsorientierter Unterricht - Ansätze, Kritik und Neuorientierung aus bildungstheoretischer, curricularer und instruktionspsychologischer Perspektive.* Stuttgart: WiKu.

Dörner, D. (1980). On the difficulties people have in dealing with complexity. *Simulation & Games, 11* (1), 87-106.

Dörner, D. (1987). *Problemlösen als Informationsverarbeitung* (3. Aufl.). Stuttgart: Kohlhammer. (Kohlhammer-Standards Psychologie Studientext: Teilgebiet Denkpsychologie).

Dörner, D. (1995). *Die Logik des Mißlingens. Strategisches Denken in komplexen Situationen.* Reinbek: Rowohlt.

Dörner, D., Kreuzig, H. W., Reither, F. & Stäudel, T. (Hrsg.). (1994). *Lohhausen. Vom Umgang mit Unbestimmtheit und Komplexität.* (Unveränd. Nachdr. der Aufl. 1983). Bern: Huber.

Dörr, G. & Strittmatter, P. (2002). Multimedia aus pädagogischer Sicht. In L. J. Issing & P. Klimsa (Hrsg.), *Information und Lernen mit Multimedia und Internet* (3., vollst. überarb. Aufl., S. 29-44). Weinheim: Beltz.

Drewniack, U. (1992). *Lernen mit Bildern in Texten. Untersuchung zur Optimierung des Lernerfolgs bei Benutzung computerpräsentierter Texte und Bilder.* Münster: Waxmann.

Dubs, R. (1996). Komplexe Lehr-Lern-Arrangements im Wirtschaftsunterricht. – Grundlagen, Gestaltungsprinzipien und Verwendung im Unterricht. In K. Beck, W. Müller, T. Deißinger & M. Zimmermann (Hrsg.), *Berufserziehung im Umbruch. Didaktische Herausforderungen und Ansätze zu ihrer Bewältigung* (S. 159-172). Weinheim: Dt. Studienverlag.

Dubs, R. (1998). Scaffolding - mehr als ein neues Schlagwort. *Schweizerische Zeitschrift für kaufmännisches Bildungswesen, 92* (5), 282-287.

Dutke, S. (1998). Zur Konstruktion von Sachverhaltsrepräsentationen beim Verstehen von Texten: Fünfzehn Jahre nach Johnson-Lairds Mental Models. *Zeitschrift für Experimentelle Psychologie, 45* (1), 52-59.

Eckelmans, F., Haas, C., Hoppe, U. & Packmohr, S. (2002). The concept of modularization in the development of online learning software - an effort to clarify from a pedagogical and a software engineering view. In F. Flückiger, C. Jutz, P. Schulz & L. Cantoni (Eds.), *4th International Conference on New Educational Environment* (pp. 19-22). Lugano: Sauerländer.

Eckert, M. & Rützel, J. (Hrsg.). (1994). *Strukturorientierte Didaktiken in der beruflichen Bildung. Konzepte - Formen - Lernortbezug.* Frankfurt/Main: Verlag der Gesellschaft zur Förderung arbeitsorientierter Forschung und Bildung.

Edelson, D. C. (1998). Learning From Stories: An Architecture for Socratic Case. In R. C. Schank (Ed.), *Inside Multi-Media Case Based Instruction* (pp. 103-174). Mahwah, NJ: Erlbaum.

Eder, J. (1999). *Dramaturgie des populären Films.* Hamburg: LIT.

Eigenmann, J. (1975). *Sequenzen im Curriculum.* Weinheim: Beltz.

Elster, F. (2002). E-Commerce in der kaufmännischen Berufsausbildung. *Wirtschaft & Erziehung* (5), 164-170.

Euler, D. (2004). *Sozialkompetenzen bestimmen, fördern und prüfen.* St. Gallen: Universität St. Gallen, Institut für Wirtschaftspädagogik. (Sozialkompetenzen in Theorie und Praxis; 1).

Finsterle, L. & Rotard, M. (2002). Mit konventionellen Autorensystemen zum E-Learning Portal. In K. P. Jantke, W. S. Wittig & J. Herrmann (Hrsg.), *Von e-Learning bis e-Payment. Das Internet als sicherer Marktplatz. Tagungsband LIT ,02; 26./27. September 2002, Leipzig* (S. 111-121). Berlin: Akad. Verl.-Ges. AKA.

Fischer, F., Bruhn, J., Gräsel, C. & Mandl, H. (2000). Kooperatives Lernen mit Videokonferenzen: Gemeinsame Wissenskonstruktion und individueller Lernerfolg. *Kognitionswissenschaft* (9), 5-16.

Fischer, F. & Mandl, H. (2000). Förderung der Strategieanwendung mit Expertenmaps. In D. Leutner & R. Brünken (Hrsg.), *Neue Medien in Unterricht, Aus- und Weiterbildung. Aktuelle Ergebnisse empirischer pädagogischer Forschung* (S. 47-56). Münster: Waxmann.

Folz, P. W. (1996). Comprehension, coherence, and strategies in hypertext. In J. F. Rouet (Hrsg.), *Hypertext and Cognition.* Mahwah, NJ: Erlbaum.

Fortmüller, R. (1997). *Wissen und Problemlösen. Eine wissenspsychologische Analyse der notwendigen Voraussetzungen für die Bewältigung von (komplexen) Problemen und Konsequenzen für den Unterricht in berufsbildenden Vollzeitschulen.* Wien: Manz Verlag Schulbuch.

Freibichler, H. (2002). Werkzeuge zur Entwicklung von Multimedia. Teil 1: Autorenwerkzeuge für Offline-Lernangebote. In L. J. Issing & P. Klimsa (Hrsg.), *Information und Lernen mit Multimedia und Internet* (3., vollst. überarb. Aufl., S. 197-217). Weinheim: Beltz.

Frensch, P. A. & Funke, J. (1995). Definitions, Traditions, and a General Framework for Understanding Complex Problem Solving. In P. A. Frensch & J. Funke (Eds.), *Complex Problem Solving. The European Perspective* (pp. 3-27). Hillsdale, NJ: Erlbaum.

Frieling, E. & Sonntag, K. (1999). *Lehrbuch Arbeitspsychologie* (2. Aufl.). Bern: Huber.

Friesen, N. (2001). What are Educational Objects? *Interactive Learning Environments,* 9 (3).

Fuchs, A. (2000). *Dramatische Spannung: moderner Begriff - antikes Konzept.* Stuttgart: Metzler. (M-&-P-Schriftenreihe für Wissenschaft und Forschung; Drama: Beiheft; 11).

Fuchs, H. (2001). Metaphern als neues Business-Tool. *Wirtschaft & Weiterbildung* (Jan.), 26-28.

Funke, J. (2003). *Problemlösendes Denken.* Stuttgart: Kohlhammer. (Standards Psychologie).

Fürstenau, B. (1994). *Komplexes Problemlösen im betriebswirtschaftlichen Unterricht.* Wiesbaden: DUV; Gabler. (Gabler Edition Wissenschaft).

Gabriel, R. (2002). Neue Arbeitsfelder im Electronic Business. In R. Gabriel & U. Hoppe (Hrsg.), *Electronic Business* (S. 211-220). Heidelberg: Physica-Verlag.

Gabriel, R. & Hoppe, U. (Hrsg.). (2002). *Electronic Business. Theoretische Aspekte und Anwendungen in der betrieblichen Praxis.* Heidelberg: Physica-Verlag.

Gerdes, H. (1997). *Lernen mit Text und Hypertext.* Berlin: Pabst.

Gersdorf, R. (2000). Prozessorientiertes Content-Management: Entwicklungstendenz im Dokumentenmanagement. *WiSt*, 523.

Gersdorf, R. (2003). Eine Content-Management-Architektur für die Umsetzung verteilter Redaktionsprozesse bei der Erstellung wieder verwendbarer Inhalte für das eLearning. In W. Uhr, W. Esswein & E. Schoop (Hrsg.), *Wirtschaftsinformatik 2003 / Bd. 1: Medien, Märkte, Mobilität* (S. 633-653). Heidelberg: Physica-Verlag.

Gersdorf, R., Jungmann, B. & Schoop, E. (2002). Content Management. Vergleichende Buchbesprechung. *Wirtschaftsinformatik, 44* (1), 79-85.

Gersdorf, R., Jungmann, B., Schoop, E., Wirth, K. & Klauser, F. (2002). Chancen und Herausforderungen bei der Abbildung didaktischer Anforderungen in XML. In K. P. Jantke, W. S. Wittig & J. Herrmann (Hrsg.), *Von e-Learning bis e-Payment. Das Internet als sicherer Marktplatz. Tagungsband LIT ,02; 26./27. September 2002, Leipzig* (S. 339-346). Berlin: Akad. Verl.-Ges. AKA.

Gersdorf, R. & Schoop, E. (2001). Content Management für Single Source Multiple Media and Multiple Usage Publishing. *WISU, 30* (7), 991-998.

Gersdorf, R. & Schoop, E. (2003). *Content Management für die Unterstützung verteilter Redaktionsprozesse im E-Learning.* Osnabrück. (Research Report Impuls^{EC}; 4).

Getsch, U. & Preiß, P. (2003). Geschäftsprozessorientierter Einsatz integrierter Informationssysteme als Herausforderung für die didaktische Reduktion lernfeldstrukturierter Lehrpläne. *Berufs- und Wirtschaftspädagogik - online* (4), 1-30.

Glowalla, U. & Schoop, E. (Hrsg.). (1992). *Hypertext und Multimedia: Neue Wege in der computerunterstützten Aus- und Weiterbildung.* Berlin: Springer.

Goetz, F. (2000). *SMIL. Multimedia im Internet mit Realsystem G2.* München: Addison Wesley.

Goldfarb, C. F. & Prescod, P. (2000). *XML-Handbuch* (2., akt. und erw. Aufl.). München: Addison-Wesley.

Graff, B. (1999). Grundlagen szenischer Texte. In H. L. Arnold & H. Detering (Hrsg.), *Grundzüge der Literaturwissenschaft* (3. Aufl., S. 308-322). München: DTV.

Gräsel, C., Mandl, H., Fischer, F. & Gärtner, R. (1994). Vergebliche Designermüh? Interaktionsangebote in problemorientierten Computerlernprogrammen. *Unterrichtswissenschaft, 22,* 312-333.

Haack, J. (2002). Interaktivität als Kennzeichen von Multimedia und Hypermedia. In L. J. Issing & P. Klimsa (Hrsg.), *Information und Lernen mit Multimedia und Internet* (3., vollst. überarb. Aufl., S. 127-136). Weinheim: Beltz.

Häfele, H., Häfele, K. & Baumgartner, P. (23-4-2002). *E-Learning: Didaktische und technische Grundlagen.* (S. 1-29). http://www.peter.baumgartner.name/filer/filetree/peter/material/e-learning_sonderheft.pdf. Letzter Abruf am 11-5-2005.

Haß-Zumkehr, U. (2001). Zur Mikrostruktur im Hypertext-Wörterbuch. In I. Lemberg, B. Schröder & A. Storrer (Hrsg.), *Chancen und Perspektiven computergestützter Lexikographie. Hypertext, Internet und SGML/XML für die Produktion und Publikation digitaler Wörterbücher* (S. 105-115). Tübingen: Niemeyer.

Henninger, M., Mandl, H., Pommer, M. & Linz, M. (1999). Die Veränderung sprachrezeptiven Handelns: Einfluß des instruktionalen Gestaltungsprinzips Authentizität. *Zeitschrift für Entwicklungspsychologie und Pädagogische Psychologie, 31* (1), 1-10.

Hohenstein, A. & Wilbers, K. (Hrsg.). (2002). *Handbuch E-Learning. Expertenwissen aus Wissenschaft und Praxis - Strategien, Instrumente, Fallstudien.* Köln: Dt. Wirtschaftsdienst.

Hoppe, U. (2002). Electronic Business und Electronic Commerce - Ein Beitrag zur Begriffsbildung. In R. Gabriel & U. Hoppe (Hrsg.), *Electronic Business* (S. 1-21). Heidelberg: Physica-Verlag.

Hussy, W. (1993). *Denken und Problemlösen.* Stuttgart: Kohlhammer. (Grundriß der Psychologie: Eine Reihe in 21 Bänden; 8).

IEEE. (2002). *Draft Standard for Learning Object Metadata.* (S. 1-44). http://ltsc.ieee.org/wg12/files/LOM_1484_12_1_v1_Final_Draft.pdf. Letzter Abruf am 11-5-2005.

Issing, L. J. (1993). Wissenserwerb mit bildlichen Analogien. In B. Weidenmann (Hrsg.), *Wissenserwerb mit Bildern: instruktionale Bilder in Printmedien, Film/Video und Computerprogrammen* (S. 149-176). Bern: Huber.

Issing, L. J. & Klimsa, P. (Hrsg.). (2002a). *Information und Lernen mit Multimedia und Internet. Lehrbuch für Studium und Praxis* (3., vollst. überarb. Aufl.). Weinheim: Beltz.

Issing, L. J. & Klimsa, P. (2002b). Multimedia und Internet - Eine Chance für Information und Lernen. In L. J. Issing & P. Klimsa (Hrsg.), *Information und Lernen mit Multimedia und Internet* (3., vollst. überarb. Aufl., S. 1-2). Weinheim: Beltz.

Jank, W. & Meyer, H. L. (1994). *Didaktische Modelle* (3. Aufl.). Frankfurt am Main: Cornelsen Scriptor.

Jarz, E. M. (1997). *Entwicklung multimedialer Systeme. Planung von Lern- und Masseninformationssystemen.* Wiesbaden: Gabler. (Gabler Edition Wissenschaft).

Jonassen, D. H. & Reeves, T. C. (1996). Learning *with* Technology: Using Computers As Cognitive Tools. In D. H. Jonassen (Ed.), *Handbook of research for educational communications and technology* (pp. 693-719). New York: Macmillan.

Jungmann, B. (2003). Einsatz von XML zur Abbildung von Lerninhalten für E-Learning-Angebote: Standards, Anwendung, Handlungsbedarf. In W. Esswein, E. Schoop & W. Uhr (Hrsg.), *Dresdner Beiträge zur Wirtschaftsinformatik 41/03.* Dresden: Technische Universität.

Jungmann, B. (2005). *Wiederverwendung von Lerninhalten im Spannungsfeld von Informationstechnik und Pädagogik. Ein Beitrag zur Rationalisierung der Entwicklungsprozesse von Lerninhalten für das E-Learning aus Sicht der Wirtschaftsinformatik.* (S. 1-211). http://hsss.slub-dresden.de/hsss/servlet/hsss.urlmapping.MappingServlet?id =1111154962534-3247. Letzter Abruf am 25-5-2005.

Jungmann, B., Petzoldt, O., Wirth, K., Klauser, F. & Schoop, E. (2004a). *Didaktische Funktionen und deren Umsetzung in DTDs. Ein interdisziplinäres Regelwerk für die Ausgestaltung netzbasierter Lernangebote.* Osnabrück. (Research Report Impuls^{EC}; 6, Beiheft).

Jungmann, B., Petzoldt, O., Wirth, K., Klauser, F. & Schoop, E. (2004b). *Didaktische Funktionen und deren Umsetzung in DTDs. Ein interdisziplinäres Regelwerk für die Ausgestaltung netzbasierter Lernangebote.* Osnabrück. (Research Report Impuls^{EC}; 6).

Jungmann, B., Wirth, K., Klauser, F. & Schoop, E. (2002). *IKURS: Integrative Konzeption und Umsetzung curricularer, didaktisch-methodischer und informationstechnischer Aspekte in Richtlinien und Strukturmodelle für die Ausgestaltung multimedialer Lehr-Lern-Arrangements.* Osnabrück. (Research Report Impuls^{EC}; 2).

Jungmann, B., Wirth, K., Klauser, F. & Schoop, E. (2003). Strukturierung von Lerninhalten mit dem Ziel ihrer Wiederverwendung: ist der Spagat zwischen Didaktik und Informationstechnik zu bewältigen? In W. Uhr, W. Esswein & E. Schoop (Hrsg.), *Wirtschaftsinformatik 2003 / Bd. 1: Medien, Märkte, Mobilität* (S. 653-672). Heidelberg: Physica-Verlag.

Jungmann, B., Wirth, K., Petzoldt, O., Klauser, F. & Schoop, E. (2004b). *Didactic Functions and Their Implementation in DTDs - An Interdisciplinary Model for the Structuring of Internet-Based Learning Solutions.* Osnabrück. (Research Report Impuls^{EC}; 11).

Kartchner, C. (1998). Content Management Systems. Getting from Concept to Reality. *Journal of Electronic Publishing, 03*, 1-7.

Kerkau, F. (2002). Werkzeuge zur Entwicklung von Multimedia. Teil 2: Autorenwerkzeuge für Online-Lernangebote. In L. J. Issing & P. Klimsa (Hrsg.), *Information und Lernen mit Multimedia und Internet* (3., vollst. überarb. Aufl., S. 218-228). Weinheim: Beltz.

Kerres, M. (2001). *Multimediale und telemediale Lernumgebungen: Konzeption und Entwicklung* (2., vollst. überarb. Aufl.). München: Oldenbourg.

Kim, H.-O. & Klauser, F. (2004a). *Analyse der Erfolgsfaktoren für computer- und netzbasierte Lernangebote.* Osnabrück. (Research Report Impuls^{EC}; 8).

Kim, H.-O. & Klauser, F. (2004b). *Grundlagen der Evaluation computer- und netzbasierter Lernangebote.* Osnabrück. (Research Report Impuls^{EC}; 9).

Kintsch, W. (1989). Learning From Text. In L. B. Resnick (Ed.), *Knowing, Learning and Instruction. Essays in Honor of Robert Glaser* (pp. 25-46). Hillsdale, NJ: Erlbaum.

Kittelberger, R. & Freisleben, I. (1994). *Lernen mit Video und Film* (2., neu ausgestattete Aufl.). Weinheim: Beltz. (Mit den Augen lernen; 5).

Klauer, K.-J. (1974). *Methodik der Lehrzieldefinition und Lehrstoffanalyse.* Düsseldorf: Schwann. (Studien zur Lehrforschung; 10).

Klauer, K.-J. & Lühmann, R. (1983). Sequentieller Aufbau eines Curriculums. In U. Hameyer, K. Frey & H. Haft (Hrsg.), *Handbuch der Curriculumforschung. Übersichten zur Forschung 1970-1981* (S. 457-462). Weinheim: Beltz.

Klauser, F. (1998a). „Anchored Instruction" - Eine Möglichkeit zur effektiven Gestaltung der Lehr-Lern-Prozesse in der kaufmännischen Ausbildung. *Erziehungswissenschaft und Beruf, 1998* (46), 283-305.

Klauser, F. (1998b). Gestaltungsgrundsätze des Anchored Instruction-Ansatzes. *Wirtschaft & Erziehung* (1), 12.

Klauser, F. (1998c). Problem-Based Learning - ein curricularer und didaktisch-methodischer Ansatz zur innovativen Gestaltung der kaufmännischen Ausbildung. *Zeitschrift für Erziehungswissenschaft, 1* (2), 273-293.

Klauser, F. (1998d). Problem-Based Learning - ein innovativer Ansatz für die kaufmännische Ausbildung. *Schweizerische Zeitschrift für kaufmännisches Bildungswesen, 92* (5), 330-354.

Klauser, F. (2000). Erwerb von Expertise - eine curriculare und didaktisch-methodische Leitidee zur effektiven Ausgestaltung lernfeldstrukturierter Curricula in der kaufmännischen Ausbildung. In A. Lipsmeier & K. Wilbers (Hrsg.), *Lernfeldorientierung in Theorie und Praxis* (S. 183-196). Stuttgart: Franz Steiner. (Zeitschrift für Berufs- und Wirtschaftspädagogik; Beiheft 15).

Klauser, F. (2002). E-Learning problembasiert gestalten. In A. Hohenstein & K. Wilbers (Hrsg.), *Handbuch E-Learning. Expertenwissen aus Wissenschaft und Praxis – Strategien, Instrumente, Fallstudien* (1. Ergänzungslieferung - August 2002., S. 1-15). Köln: Deutscher Wirtschaftsdienst.

Klauser, F., Born, V. & Dietz, J. (2002). Electronic Commerce - Neue Anforderungen an kaufmännisches Handeln und Bildung. *Wirtschaft & Erziehung, 54* (10), 341-348.

Klauser, F. & Kim, H.-O. (2004). *Analyse der Zielgruppen für IMPULS^{EC}. Konzeption, Befunde und Diskussion.* Osnabrück. (Research Report Impuls^{EC}; 5).

Klauser, F., Schoop, E., Gersdorf, R., Jungmann, B. & Wirth, K. (2002). *Die Konstruktion komplexer internetbasierter Lernumgebungen im Spannungsfeld von pädagogischer und technischer Rationalität.* Osnabrück. (Research Report Impuls^{EC}; 3).

Klauser, F., Schoop, E., Gersdorf, R., Jungmann, B. & Wirth, K. (2004). Chancen und Herausforderungen der interdisziplinären Ausgestaltung von internetbasierten Lernumgebungen. In H. Reinisch, M. Eckert & T. P. Tramm (Hrsg.), *Studien zur Dynamik des Berufsbildungssystems. Forschungsbeiträge zur Struktur-, Organisations- und Curriculumentwicklung* (S. 241-253). Wiesbaden: VS Verlag für Sozialwissenschaften/ GWV Fachverlage GmbH.

Klauser, F., Schoop, E., Wirth, K., Jungmann, B. & Gersdorf, R. (2004). *The Construction of Complex Internet-Based Learning Environments in the Field of Tension of Pedagogical and Technical Rationality.* Osnabrück. (Research Report Impuls^{EC}; 10).

Klein, M. & Stucky, W. (2001). Ein Vorgehensmodell zur Erstellung virtueller Bildungsinhalte. *Wirtschaftsinformatik, 43* (1), 35-45.

Klimsa, P. (2002). Multimedianutzung aus psychologischer und didaktischer Sicht. In L. J. Issing & P. Klimsa (Hrsg.), *Information und Lernen mit Multimedia und Internet* (3., vollst. überarb. Aufl., S. 5-18). Weinheim: Beltz.

Klingberg, L. (1984). *Einführung in die Allgemeine Didaktik. Vorlesungen* (6. Aufl.). Berlin: Volk und Wissen, Volkseigener Verlag.

Kloas, P.-W. (1996). Modulare Weiterbildung im Verbund mit Beschäftigung – Arbeitsmarkt- und bildungspolitische Aspekte eines strittigen Ansatzes. *BWP, 25* (1), 39-46.

Kohler, B. (1998). *Problemorientierte Gestaltung von Lernumgebungen. Didaktische Grundorientierung von Lerntexten und ihr Einfluß auf die Bewältigung von Problemlöse- und Kenntnisaufgaben.* Weinheim: Dt. Studien Verl.

Köster, E. (1994). *Problemlösen als Lernhandlung. Grundlagen der Ausbildung schöpferischen Denkens und Handelns in der Lerntätigkeit.* Hamburg: Kovaĉ. (Erziehung-Unterricht-Bildung).

Krcmar, H. (2000). *Informationsmanagement.* Berlin: Springer.

Kremer, H.-H. (1997). *Medienentwicklung. Theoretische Modellierung und fachdidaktisch ausgerichtete Anwendung.* Köln: Botermann & Botermann Verlag. (Wirtschafts-, Berufs- und Sozialpädagogische Texte; 29).

Kremer, H.-H. (2003). *Implementation didaktischer Theorien – Innovationen gestalten: Analysen an eine theoretische Grundlegung im Kontext der Einführung lernfeldstrukturierter Curricula.* Paderborn: Eusl. (Wirtschaftspädagogisches Forum; 22).

Lass, U. & Lüer, G. (1990). Psychologische Problemlöseforschung. *Unterrichtswissenschaft, 18* (4), 295-312.

Laurel, B. (1993). *Computers as theatres.* New York: Addison-Wesley.

Lave, J. & Wenger, E. (1991). *Situated Learning. Legitimate Peripheral Participation.* Cambridge: Cambridge University Press.

Lester, J. C., Converse, S., Stone, B., Kahler, S. & Barlow, T. (1997). Animated pedagogical agents and problem-solving effectiveness: A large-scale empirical evaluation. In B. du Boulay & R. Mizoguchi (Eds.), *Proceedings of the Eighth World Conference on Artificial Intelligence in Education* (pp. 23-30). Washington, DC: IOS Press.

Leutner, D. (2002). Adaptivität und Adaptierbarkeit multimedialer Lehr- und Informationssysteme. In L. J. Issing & P. Klimsa (Hrsg.), *Information und Lernen mit Multimedia und Internet* (3., vollst. überarb. Aufl., S. 115-125). Weinheim: Beltz.

Link, J. (1990). *Literaturwissenschaftliche Grundbegriffe. Eine programmierte Einführung auf strukturalistischer Basis.* München: Fink.

Lipsmeier, A. (2000). Systematisierungsprinzipien für berufliche Curricula. In R. Dubs (Hrsg.), *Lernfeldorientierung in Theorie und Praxis* (S. 54-71). Stuttgart: Franz Steiner. (Zeitschrift für Berufs- und Wirtschaftspädagogik; Beiheft 15).

Lobin, H. (2000). *Informationsmodellierung in XML und SGML*. Berlin: Springer.

Loser, F. (1983). Konzipierung von Lernsituationen im Curriculum. In U. Hameyer, K. Frey & H. Haft (Hrsg.), *Handbuch der Curriculumforschung. Übersichten zur Forschung 1970-1981* (S. 441-456). Weinheim: Beltz.

Lowe, R. (2003). Animation and learning: selective processing of information in dynamic graphics. *Learning and Instruction, 13* (2), 157-175.

Lucke, U. & Wiesner, A. (2002). XML: Nur ein neues Schlagwort? - Zum Nutzen von XML in Lehr- und Lernsystemen. *Informationstechnik und Technische Informatik, 44* (4), 211-216.

Lütgert, W. & Stephan, H.-U. (1983). Implementation und Evaluation von Curricula: deutschsprachiger Raum. In U. Hameyer, K. Frey & H. Haft (Hrsg.), *Handbuch der Curriculumforschung. Übersichten zur Forschung 1970-1981* (S. 501-520). Weinheim: Beltz.

Maass, W. (2004). Management von Lerninhalten durch Learning-Content-Management-Systeme. In A. Hohenstein & K. Wilbers (Hrsg.), *Handbuch E-Learning. Expertenwissen aus Wissenschaft und Praxis - Strategien, Instrumente, Fallstudien* (9. Ergänzungslieferung - Juli 2004., S. 1-24). Köln: Deutscher Wirtschaftsdienst.

Mandl, H., Gruber, H. & Renkl, A. (1997). Lernen und Lehren mit dem Computer. In F. Klix & H. Spada (Hrsg.), *Enzyklopädie der Psychologie, D/I/4, Psychologie der Erwachsenenbildung* (S. 437-467). Göttingen: Hogrefe.

Mandl, H., Gruber, H. & Renkl, A. (2002). Situiertes Lernen in multimedialen Lernumgebungen. In L. J. Issing & P. Klimsa (Hrsg.), *Information und Lernen mit Multimedia und Internet* (3. Aufl., S. 139-148). Weinheim: Beltz.

Mandl, H. & Reinmann-Rothmeier, G. (1995). *Unterrichten und Lernumgebungen gestalten.* München: Ludwig-Maximilians-Universität München; Institut für Pädagogische Psychologie und Empirische Pädagogik. (Forschungsbericht; 60).

Mandl, H., Reinmann-Rothmeier, G. & Prenzel, M. (1994). *Computerunterstützte Lernumgebungen. Planung, Gestaltung und Bewertung.* Erlangen: Publicis-MCD-Verlag.

Marugg, T. (2001). *Metadaten für Content-Indizierung und Wissenssicherung.* http://www.contentmanager.de/magazin/artikel_69.html. Letzter Abruf am 25-5-2005.

Mayer, R. E. (2001). *Multimedia learning.* Cambridge, England: Cambridge Univ. Press.

Mayer, R. E. & Anderson, R. B. (1991). Animations Need Narrations: An Experimental Test of a Dual-Coding Hypothesis. *Journal of Educational Psychology, 83* (4), 484-490.

Mayer, R. E. & Anderson, R. B. (1992). The Instructive Animation: Helping Students Build Connections Between Words and Pictures in Multimedia Learning. *Journal of Educational Psychology, 84* (4), 444-452.

Mayer, R. E., Dow, G. T. & Mayer, S. (2003). Multimedia Learning in an Interactive Self-Explaining Environment. What Works in the Design of Agent-Based Microworlds? *Journal of Educational Psychology, 95* (4), 806-813.

Mertens, P. & Morschheuser, S. (1994). Stufen der Integration von Daten- und Dokumentenverarbeitung - dargestellt am Beispiel eines Maschinenbauunternehmens. *Wirtschaftsinformatik, 35* (5), 444-454.

Mikat, C. (1992). *Dramaturgie und Didaktik - Die Vorgaben für pädagogische Filme und Fernsehsendungen.* Weinheim: Deutscher Studien Verlag.

Mishra, P. & Brewer, W. F. (2003). Theories as a form of mental representation and their role in the recall of text information. *Contemporary Educational Psychology, 28* (3), 277-303.

Möhlenbrock, R. (1982). *Modellbildung und didaktische Transformation.* Bad Salzdetfurth: Franzbecker, Didaktischer Dienst.

Monaco, J. (2004). *Film verstehen. Kunst, Technik, Sprache, Geschichte und Theorie des Films und der neuen Medien* (5. Aufl.). Reinbek bei Hamburg: Rowohlt.

Moreno, R., Mayer, R. E. & Spires, H. A. (2002). The Case for Social Agency in Computer-Based Teaching: Do Students Learn More Deeply When They Interact With Animated Pedagogical Agents? *Cognition and Instruction, 19* (2), 177-213.

Müller-Kalthoff, T. & Möller, J. (2000). Effekte von Navigationshilfen und Vorwissen beim Lernen mit Hypertext. In D. Leutner & R. Brünken (Hrsg.), *Neue Medien in Unterricht, Aus- und Weiterbildung: Aktuelle Ergebnisse empirischer pädagogischer Forschung* (S. 57-64). Münster: Waxmann.

Muret, E. & Sanders, D. (2000). *Enzyklopädisches Wörterbuch der englischen und deutschen Sprache „Der Große Muret-Sanders". Teil 1: Englisch - Deutsch, 1. Band A-M.* (12. Aufl.). Berlin: Langenscheidt.

Niegemann, H. M. (Hrsg.). (2001). *Neue Lernmedien - Konzipieren, Entwickeln, Einsetzen.* Göttingen: Huber.

Niegemann, H. M., Hessel, S., Hochscheid-Mauel, D., Aslanski, K., Deimann, M. & Kreuzberg, G. (2004). *Kompendium E-Learning.* Berlin: Springer. (X.media.press).

Nielsen, J. (1996). *Multimedia, Hypertext und Internet. Grundlagen und Praxis des elektronischen Publizierens.* Braunschweig: Vieweg.

Pawlowski, J. M. (2001). *Das Essener-Lern-Modell (ELM): Ein Vorgehensmodell zur Entwicklung computerunterstützter Lernumgebungen.* Essen: Universität Gesamthochschule Essen.

Pawlowski, J. M. (2002). *Modellierung didaktischer Konzepte mit dem Essener-Lern-Modell.* Frankfurt/Main, 04 2002. Vortrag im Rahmen des Workshops „Neue Medien in der Bildung: Standardisierung im e-Learning". (S. 1-21). http://gamma.wi-inf.uni-essen.de/hh/bib-pdf-pub/4858.pdf. Letzter Abruf am 11-5-2005.

Pawlowski, J. M. & Adelsberger, H. H. (2001). Standardisierung von Lerntechnologien. *Wirtschaftsinformatik, 43* (1), 57-68.

Petko, D. & Reusser, K. (2005). Praxisorientiertes E-Learning mit Video gestalten. In A. Hohenstein & K. Wilbers (Hrsg.), *Handbuch E-Learning. Expertenwissen aus Wissenschaft und Praxis - Strategien, Instrumente, Fallstudien* (11. Ergänzungs-Lieferung - Januar 2005, S. 1-22). Köln: Deutscher Wirtschaftsdienst.

Pfister, M. (2001). *Das Drama* (11. Aufl.). München: Fink. (Uni-Taschenbücher, UTB; 580).

Picot, A., Reichwald, R. & Wigand, R. T. (2001). *Die grenzenlose Unternehmung. Information, Organisation und Management ; Lehrbuch zur Unternehmensführung im Informationszeitalter* (4. , vollst. überarb. u. erw. Aufl.). Wiesbaden: Gabler.

Pilz, M. (1999). *Modulare Strukturen in der beruflichen Bildung - eine Alternative für Deutschland?: Eine explorative Studie am Beispiel des schottischen Modulsystems.* Markt Schwaben: Eusl.

Preiß, P. (1992). Komplexität im Betriebswirtschaftslehre-Anfangsunterricht. In F. Achtenhagen & E. G. John (Hrsg.), *Mehrdimensionale Lehr-Lern-Arrangements: Innovationen in der kaufmännischen Ausbildung* (S. 58-78). Wiesbaden: Gabler.

Preiß, P. (1999a). *Didaktik des Rechnungswesenunterrichts.* München: Oldenbourg.

Preiß, P. (1999b). Integration und Elaboration als Leitgedanke curricularer Anordnung von Lernfeldern. In R. Huisinga, I. Lisop & H.-D. Speier (Hrsg.), *Lernfeldorientierung. Konstruktion und Unterrichtspraxis* (S. 217-242). Stuttgart: Steiner.

Probst, G. J. B., Raub, S. & Romhardt, K. (2003). *Wissen managen. Wie Unternehmen ihre wertvollste Ressource optimal nutzen* (4., überarb. Aufl.). Wiesbaden: Gabler.

Rauner, F. (1999). Entwicklungslogisch strukturierte berufliche Curricula. Vom Neuling zur reflektierten Meisterschaft. *Zeitschrift für Berufs- und Wirtschaftspädagogik, 95* (3), 424-446.

Reetz, L. (1984). *Wirtschaftsdidaktik: Eine Einführung in Theorie und Praxis wirtschaftsberuflicher Curriculumentwicklung und Unterrichtsgestaltung.* Bad Heilbrunn/Obb.: Klinkhardt.

Reetz, L. (1996). Wissen und Handeln. - Zur Bedeutung konstruktivistischer Lernbedingungen in der kaufmännischen Berufsbildung. In K. Beck, W. Müller, T. Deißinger & M. Zimmermann (Hrsg.), *Berufserziehung im Umbruch. Didaktische Herausforderungen und Ansätze zu ihrer Bewältigung* (S. 172-188). Weinheim: Dt. Studienverlag.

Reetz, L. & Seyd, W. (1983). Curriculumtheorien im Bereich der Berufsbildung. In U. Hameyer, K. Frey & H. Haft (Hrsg.), *Handbuch der Curriculumforschung* (S. 171-192). Weinheim: Beltz.

Reetz, L. & Seyd, W. (1995). Curriculare Strukturen beruflicher Bildung. In R. Arnold & A. Lipsmeier (Hrsg.), *Handbuch der Berufsbildung* (S. 203-219). Opladen: Leske + Budrich.

Reetz, L. & Tramm, T. P. (2000). Lebenslanges Lernen aus der Sicht einer berufspädagogisch und wirtschaftspädagogisch akzentuierten Curriculumforschung. In F. Achtenhagen & W. Lempert (Hrsg.), *Lebenslanges Lernen - seine Grundlegung im Kindes- und Jugendalter. Bd. 3: Psychologische Theorie, Empirie und Therapie* (S. 69-121). Leske und Budrich.

Reigeluth, C. M. (Hrsg.). (1983). *Instructional Design, Theories and Models. Vol. I: An Overview of Their Current Status.* Hillsdale, NJ: Erlbaum.

Reigeluth, C. M. (Hrsg.). (1999). *Instructional-Design Theories and Models. Vol. II: A New Paradigm of Instructional Theory.* Hillsdale, NJ: Erlbaum.

Reimann, P. (1998). Novizen- und Expertenwissen. In F. Klix & H. Spada (Hrsg.), *Enzyklopädie der Psychologie, C/II/6, Wissen* (S. 335-365). Göttingen: Hogrefe.

Reinmann-Rothmeier, G. & Mandl, H. (1998). Wenn kreative Ansätze versanden: Implementation als verkannte Aufgabe. *Unterrichtswissenschaft, 26* (4), 292-311.

Reinmann-Rothmeier, G. & Mandl, H. (2001). Unterrichten und Lernumgebungen gestalten. In A. Krapp & B. Weidenmann (Hrsg.), *Pädagogische Psychologie. Ein Lehrbuch* (4. vollst. überarb. Aufl., S. 601-646). Weinheim: Beltz.

Reinmann-Rothmeier, G. & Mandl, H. (2002). Analyse und Förderung kooperativen Lernens in netzbasierten Umgebungen. *Zeitschrift für Entwicklungspsychologie und Pädagogische Psychologie, 34* (1), 44-57.

Reinmann-Rothmeier, G., Mandl, H. & Ballstaedt, S.-P. (1996). *Lerntexte in der Weiterbildung. Gestaltung und Bewertung.* Erlangen: Publicis-MCD. (Qualität in der Wieterbildung).

Robinsohn, S. B. (1975). *Bildungsreform als Revision des Curriculum.* Neuwied: Luchterhand. (Arbeitsmittel für Studium und Unterricht).

Rothfuss, G. & Ried, C. (2001). *Content Management mit XML.* Berlin: Springer.

Rützel, J. (2001). Modularisierung in der Didaktik beruflicher Bildung. In B. Bonz (Hrsg.), *Didaktik der beruflichen Bildung.* Baltmannsweiler: Schneider Verlag Hohengehren. (Berufsbildung konkret; 2).

Salomon, G. (1992). Effects *with* and *of* Computers and the Study of Computer-Based Learning Environments. In E. De Corte, M. C. Linn, H. Mandl & L. Verschaffel (Hrsg.), *Computer-Based Learning Environments and Problem Solving* (S. 249-263). Berlin: Springer.

Salomon, G. (1998). Novel Constructivist Learning Environments and Novel Technologies: Some Issues to Be Concerned with. *Research Dialogue in Learning and Instruction, 1* (1), 3-12.

Salomon, G. (2000). *It's not just the tool, but the educational rationale that counts.* (S. 1-6). http://construct.haifa.ac.il/~gsalomon/new/. Letzter Abruf am 25-5-2005.

Schank, R. C. (1993). Goal-Based Scenarios: A Radical Look at Education. *The Journal of the Learning Sciences, 3* (4), 429-453.

Schank, R. C. (Hrsg.). (1998). *Inside Multi-Media Case Based Instruction.* Mahwah, NJ: Erlbaum.

Schank, R. C., Berman, T. R. & Macpherson, K. A. (1999). Learning by Doing. In C. M. Reigeluth (Hrsg.), *Instructional-Design Theories and Models. Vol. II: A New Paradigm of Instructional Theory* (S. 161-181). Hillsdale, NJ: Erlbaum.

Schank, R. C., Fano, A., Bell, B. & Jona, M. (1993). The Design of Goal-Based Scenarios. *The Journal of the Learning Sciences, 3* (4), 305-345.

Schnotz, W. (1993). Wissenserwerb mit logischen Bildern. In B. Weidenmann (Hrsg.), *Wissenserwerb mit Bildern: instruktionale Bilder in Printmedien, Film/Video und Computerprogrammen* (S. 95-148). Bern: Huber.

Schnotz, W. (1997). Wissenserwerb mit Diagrammen und Texten. In L. J. Issing & P. Klimsa (Hrsg.), *Information und Lernen mit Multimedia* (2., überarb. Aufl., S. 85-106). Weinheim: Beltz.

Schnotz, W. (2002). Wissenserwerb mit Texten, Bildern und Diagrammen. In L. J. Issing & P. Klimsa (Hrsg.), *Information und Lernen mit Multimedia und Internet* (3., vollst. überarb. Aufl., S. 65-81). Weinheim: Beltz.

Schnotz, W. & Lowe, R. (2003). External and internal representations in multimedia learning. *Learning and Instruction, 13* (2), 117-123.

Schnotz, W. & Zink, T. (1997). Informationssuche und Kohärenzbildung beim Wissenserwerb mit Hypertext. *Zeitschrift für Pädagogische Psychologie, 11* (2), 95-108.

Schnurer, K., Stark, R. & Mandl, H. (2003). Auf dem Weg in eine neue Lehr-Lern-Kultur - Gestaltung problemorientierter Lernumgebungen. *Erziehungswissenschaft und Beruf, 51* (2), 147-160.

Schoop, E. (1997). Document Engineering: Methodische Grundlage für ein integriertes Dokumentenmanagement. In W. Esswein, E. Schoop & W. Uhr (Hrsg.), *Dresdner Beiträge zur Wirtschaftsinformatik 19/97* (S. 1-10). Dresden: Technische Universität.

Schoop, E. (1998). Document Engineering. Ganzheitliches SGML-Projektmanagement. In W. Esswein, E. Schoop & W. Uhr (Hrsg.), *Dresdner Beiträge zur Wirtschaftsinformatik 28/98* (S. 4-14). Dresden: Technische Universität.

Schoop, E. & Strobel, K. (1998). Einsatzpotentiale des Dokumentenstandards SGML in der Technischen Dokumentation. In W. Esswein, E. Schoop & W. Uhr (Hrsg.), *Dresdner Beiträge zur Wirtschaftsinformatik 28/98* (S. 1-3). Dresden: TU Dresden.

Schoop, E., Witt, R. & Glowalla, U. (Hrsg.). (1995). *Hypermedia in der Aus- und Weiterbildung. Dresdner Symposion zum computerunterstützten Lernen.* Konstanz: UVK-Universitätsverlag.

Schott, F., Grzondziel, H. & Hillebrand, D. (2002). UCIT – Instruktionstheoretische Aspekte zur Gestaltung und Evaluation von Lern- und Informationsumgebungen. In L. J. Issing & P. Klimsa (Hrsg.), *Information und Lernen mit Multimedia und Internet* (3., vollst. überarb. Aufl., S. 179-196). Weinheim: Beltz.

Schott, F., Kemter, S. & Seidl, P. (1997). Instruktionstheoretische Aspekte zur Gestaltung von multimedialen Lernumgebungen. In L. J. Issing & P. Klimsa (Hrsg.), *Information und Lernen mit Multimedia* (2. Aufl., S. 179-194). Weinheim: Beltz.

Schraml, T. (1997). *Operationalisierung der ökologiebezogenen Berichterstattung aus Sicht des Informationsmanagements. Konzeption eines Vorgehensmodells zur formalisierten Explikation logischer Dokumenttypmodelle im Rahmen der Umweltkommunikation von Unternehmen.* Dresden: Technische Universität Dresden.

Schramm, D. (2001). Wie verwaltet man Inhalte? Anforderungen an XML-basierte Content Management Systeme im Electronic Publishing. *WiSt* (11).

Schulmeister, R. (2001). *Virtuelle Universität - Virtuelles Lernen.* München: Oldenbourg.

Schulmeister, R. (2002). *Grundlagen hypermedialer Lernsysteme* (3., korr. Aufl.). München: Oldenbourg.

Schulz, A. (1998). *Interfacedesign: die visuelle Gestaltung interaktiver Computeranwendungen.* St. Ingbert: Röhrig.

Schulz, W. (1979). Unterricht - Analyse und Planung. In P. Heimann, G. Otto & W. Schulz (Hrsg.), *Unterricht - Analyse und Planung* (10., unveränd. Aufl., S. 13-47). Hannover: Schroedel.

Schuster, E. & Wilhelm, S. (2000). Content Management. *Informatik Spektrum, 23* (6), 373-375.

Seeberg, C. (2003). *Life Long Learning. Modulare Wissensbasen für elektronische Lernumgebungen.* Berlin: Springer.

Seger, L. (2001). *Das Geheimnis guter Drehbücher* (4. Aufl.). Berlin: Alexander Verlag.

Seibel, K. (2000). Spannung. In A. Nünning (Hrsg.), *Metzler Lexikon Literatur- und Kulturtheorie. Ansätze - Personen - Grundbegriffe* (S. 613-614). Stuttgart: Metzler.

Seibt, D. (2001). Kosten und Nutzen des E-Learning bestimmen. In A. Hohenstein & K. Wilbers (Hrsg.), *Handbuch E-Learning. Expertenwissen aus Wissenschaft und Praxis - Strategien, Instrumente, Fallstudien* (Grundwerk - Dezember 2001, S. 1-33). Köln: Deutscher Wirtschaftsdienst.

Sievers, H.-P. (1984). *Lernen - Wissen - Handeln. Untersuchungen zum Problem der didaktischen Sequenzierung. Dargestellt am Wirtschaftslehre-Curriculum in der Sekundarstufe II.* Frankfurt/Main: R.G.Fischer.

Sloane, P. F. E. (1997). Modularisierung in der beruflichen Ausbildung - oder: Die Suche nach dem Ganzen. In D. Euler & P. F. E. Sloane (Hrsg.), *Duales System im Umbruch: Eine Bestandsaufnahme der Modernisierungsdebatte* (S. 223-245). Pfaffenweiler: Centaurus-Verl.-Ges.

Sloane, P. F. E. (1999). *Situationen gestalten. Von der Planung des Lehrens zur Ermöglichung des Lernens* (2. Aufl.). Markt Schwaben: Eusl.

Sottong, H., Frenzel, K. & Müller, M. (2003). Storytelling als Methode: Aus Geschichten lernen. *Personalführung* (9), 36-41.

Stachowiak, H. (1973). *Allgemeine Modelltheorie.* Berlin: Springer.

Stachowiak, H. (Hrsg.). (1980). *Modelle und Modelldenken im Unterricht. Anwendung der Allgemeinen Modelltheorie auf die Unterrichtspraxis.* Bad Heilbrunn/Obb.: Klinkhardt.

Stachowiak, H. (Hrsg.). (1983). *Modelle. Konstruktion der Wirklichkeit.* München: Fink.

Staiger, S. (2004). *Computerbasierte Lehr-Lern-Arrangements.* Frankfurt am Main.

Steppi, H. (1989). *Computer Based Training. Planung, Design und Entwicklung interaktiver Programme.* Stuttgart: Klett.

Stöckl, H. (1992). Der ‚picture relation type' - ein praktischer Analysemodus zur Beschreibung der vielfältigen Einbettungs- und Verknüpfungsbeziehungen von Bild und Text. *papiere zur linguistik, 46* (1), 49-61.

Storrer, A. (2001). Digitale Wörterbücher als Hypertexte: Zur Nutzung des Hypertextkonzepts in der Lexikographie. In I. Lemberg, B. Schröder & A. Storrer (Hrsg.), *Chancen und Perspektiven computergestützter Lexikographie. Hypertext, Internet und SGML/XML für die Produktion und Publikation digitaler Wörterbücher* (S. 53-69). Tübingen: Niemeyer.

Strzebkowski, R. (1997). Realisierung von Interaktivität und multimedialen Präsentationstechniken. In L. J. Issing & P. Klimsa (Hrsg.), *Information und Lernen mit Multimedia* (2. Aufl., S. 269-304). Weinheim: Beltz.

Strzebkowski, R. & Kleeberg, N. (2002). Interaktivität und Präsentation als Komponenten multimedialer Lernanwendungen. In L. J. Issing & P. Klimsa (Hrsg.), *Information und Lernen mit Multimedia und Internet* (3., vollst. überarb. Aufl., S. 229-245). Weinheim: Beltz.

Stumpp, B. (2003). E-Learning Standards und Learning Objects - eine problematische Beziehung. In K. Bett & J. Wedekind (Hrsg.), *Lernplattformen in der Praxis* (S. 137-156). Münster: Waxmann.

Swertz, C. (2002). Konzepte und Methoden zur Qualitätssicherung bei der Produktion von hypertextuellen Online-Lernumgebungen. *Medienpädagogik* (01), 1-15.

Tergan, S.-O. (1997). Hypertext und Hypermedia: Konzeption, Lernmöglichkeiten, Lernprobleme. In L. J. Issing & P. Klimsa (Hrsg.), *Information und Lernen mit Multimedia* (2., überarb. Aufl, S. 123-138). Weinheim: Beltz.

Tergan, S.-O. (2001). Der Einsatz von Hypermedien beim Lernen und Management von Wissen. *Personalführung, 2001* (7), 30-37.

Tergan, S.-O. (2002). Hypertext und Hypermedia. Konzeption, Lernmöglichkeiten, Lernprobleme und Perspektiven. In L. J. Issing & P. Klimsa (Hrsg.), *Information und Lernen mit Multimedia und Internet* (3., vollst. überarb. Aufl., S. 99-112). Weinheim: Beltz.

Tramm, T. P. (1992). *Lernprozesse in der Übungsfirma. Begründung und Erprobung eines evaluativ-konstruktiven und handlungsorientierten Curriculumkonzepts am Beispiel der Rekonstruktion und Weiterentwicklung der Lernumwelt Übungsfirma.* Göttingen: Georg-August-Universität. (Berichte aus dem Seminar für Wirtschaftspädagogik an der Georg-August-Universität Göttingen; 17).

Tramm, T. P. (1997). *Lernprozesse in der Übungsfirma. Rekonstruktion und Weiterentwicklung schulischer Übungsfirmenarbeit als Anwendungsfall einer evaluativ-konstruktiven und handlungsorientierten Curriculumstrategie.* (S. 1-840). http://www.ibw.uni-hamburg.de/personen/mitarbeiter/tramm/texte_tt/Habil.pdf. Letzter Abruf am 11-5-2005.

Tramm, T. P. & Gramlinger, F. (2002). Lernfirmen in virtuellen Netzen – didaktische Visionen und technische Potentiale. In Z. Gavranovic, F. Elster, J. Rouvel & G. Zimmer (Hrsg.), *E-Commerce und unternehmerisches Handeln. Kompetenzentwicklung in vernetzten Juniorenfirmen* (S. 96-128). Bielefeld: Bertelsmann.

Tramm, T. P. & Rebmann, K. (1998). Die Integration virtueller Unternehmen in ökonomische Curricula am Beispiel des Planspiels SIMBA als Ansatz zur Überwindung des Theorie-Praxis-Dualismus in der kaufmännischen Berufsausbildung. In E. Wittmann & J. van Buer (Hrsg.), *Schlüsselqualifikationen zwischen bildungspolitischem Anspruch, wissenschaftlicher Grundlegung und wissenschaftsadäquater Umsetzung* (S. 85-128). Berlin: Humboldt-Universität zu Berlin. (Studien zur Wirtschafts- und Erwachsenenpädagogik; Band 18).

Ulrich, H. (1970). *Die Unternehmung als produktives soziales System. Grundlagen der allgemeinen Unternehmungslehre* (2. Aufl.). Bern: Haupt. (Schriftenreihe Unternehmung und Unternehmensführung; 1).

Ulrich, H. (1984). *Management.* Bern: Haupt.

Vath, N., Hasselhorn, M. & Lüer, G. (2001). *Multimedia-Produkte für das Internet. Psychologische Gestaltungsgrundlagen.* München: Oldenbourg. (Lehren und Lernen).

Vogt, J. (1999). Grundlagen narrativer Texte. In H. L. Arnold & H. Detering (Hrsg.), *Grundzüge der Literaturwissenschaft* (3. Aufl., S. 287-307). München: DTV.

Voss, J. F. (1987). Learning and Transfer in Subject-Matter Learning: A Problem-Solving Model. *International Journal of Educational Research, 11*, 607-623.

Voss, J. F. (1990). Das Lösen schlecht strukturierter Probleme - Ein Überblick. *Unterrichtswissenschaft, 18* (4), 313-337.

Voss, J. F. & Post, T. A. (1988). On The Solving Of Ill-Structured Problems. In M. T. H. Chi, R. Glaser & M. J. Farr (Eds.), *The Nature of Expertise* (pp. 261-285). Hillsdale: Erlbaum.

W3C. (2004). *Extensible Markup Language (XML) 1.0* (Third Edition). Recommendation 04 February 2004. http://www.w3.org/TR/REC-xml/. Letzter Abruf am 11-5-2005.

Wall, F. (2002). Vom Electronic business zum „Electronic Controlling". In R. Gabriel & U. Hoppe (Hrsg.), *Electronic Business* (S. 327-345). Heidelberg: Physica-Verlag.

Weidenmann, B. (Hrsg.). (1993). *Wissenserwerb mit Bildern: instruktionale Bilder in Printmedien, Film/Video und Computerprogrammen.* Bern: Huber. (Aus dem Programm Huber: Psychologie, Forschung).

Weidenmann, B. (1994). *Lernen mit Bildmedien* (2., neu ausgestattete Aufl.). Weinheim: Beltz. (Mit den Augen lernen; 1).

Weidenmann, B. (1996). Instruktionsmedien. In F. Klix & H. Spada (Hrsg.), *Enzyklopädie der Psychologie, D/I/2, Psychologie des Lernens und der Instruktion* (S. 319-368). Göttingen: Hogrefe.

Weidenmann, B. (1997). Abbilder in Multimedia-Anwendungen. In L. J. Issing & P. Klimsa (Hrsg.), *Information und Lernen mit Multimedia* (2., überarb. Aufl., S. 107-122). Weinheim: Beltz.

Weidenmann, B. (2002). Multicodierung und Multimodalität im Lernprozess. In L. J. Issing & P. Klimsa (Hrsg.), *Information und Lernen mit Multimedia und Internet* (3., vollst. überarb. Aufl., S. 45-62). Weinheim: Beltz.

Weidenmann, B., Paechter, M. & Hartmannsgruber, K. (1998). Reduktion der Komplexität von Text-Bild-Kombinationen durch Strategien der Sequenzierung und Strukturierung. In G. Dörr & K. L. Jüngst (Hrsg.), *Lernen mit Medien: Ergebnisse und Perspektiven zu medial vermittelten Lehr- und Lernprozessen* (S. 67-85). Weinheim: Beltz.

Widmer, J. (1998). Grundsätze eines Baukastensystems. *Panorama* (2), 6-8.

Wilbers, K. (2001). E-Learning didaktisch gestalten. In A. Hohenstein & K. Wilbers (Hrsg.), *Handbuch E-Learning. Expertenwissen aus Wissenschaft und Praxis – Strategien, Instrumente, Fallstudien* (Grundwerk - Dezember 2001, S. 1-42). Köln: Deutscher Wirtschaftsdienst.

Wiley, D. (2003). Learning Objects need Instructional Design Theory. In A. Rossett (Ed.) *The ASTD E-Learning Handbook* (pp. 115-126). New York, NY: McGraw-Hill.

Wirth, K. & Klauser, F. (2004). *Narrative Ausgestaltung komplexer Problemstellungen für computer- und netzbasierte Lehr-Lern-Angebote.* Osnabrück. (Research Report Impuls^EC; 12).

Wirth, K. & Krah, N. (2004). Problemorientierte Gestaltung modularer E-Learning-Angebote. In B. Fürstenau & F. Klauser (Hrsg.), *Beiträge des wissenschaftlichen Nachwuchses* (S. 89-107). Dresden. (Schriften zur sächsischen Wirtschaftspädagogik; Bd. 1).

Wirtz, B. W. (2000). *Electronic Business.* Wiesbaden: Gabler. (Gabler Lehrbuch).

Young, M. F., DePalma, A. & Garrett, S. (2002). Situations, interaction, process ·d affordances: An ecological psychology perspective. *Instructional Science, 30*, 47-[illegible].

[illegible]mbach, J. (2003). *PBL Problembasiertes Lernen.* Münster: Waxmann.

Zumbach, J. & Reimann, P. (2002). Enhancing learning from hypertext by inducing a goal orientation: Comparing different approaches. *Instructional Science*, *30*, 243-267.

8 Anhang

8.1 Potenzielle semantische Komponenten des Strukturmodells generativen Problemlösens

8.1.1 Mediale Strukturkomponenten

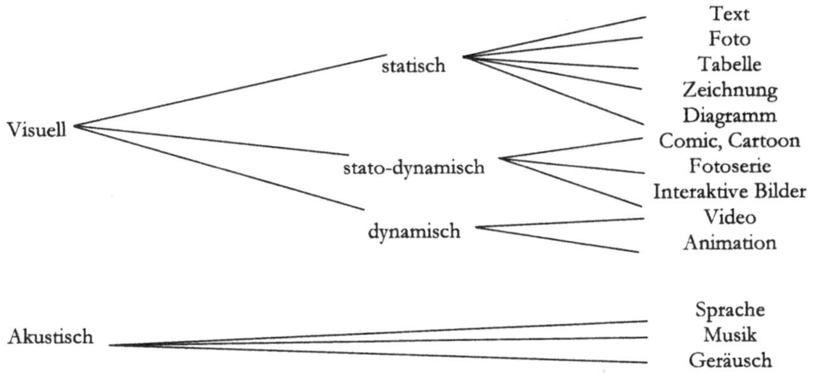

8.1.2 Didaktisch-methodische Strukturkomponenten

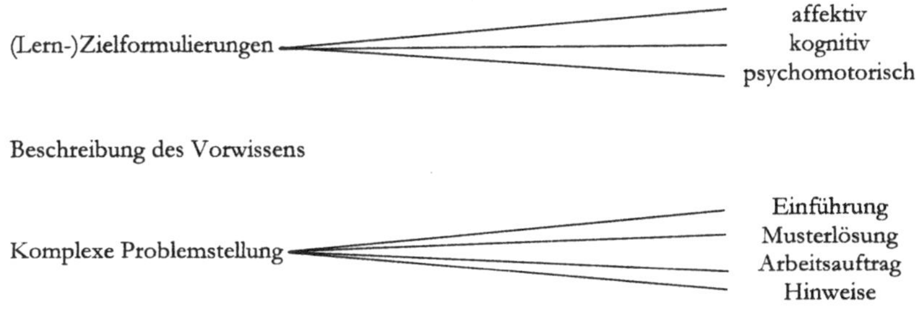

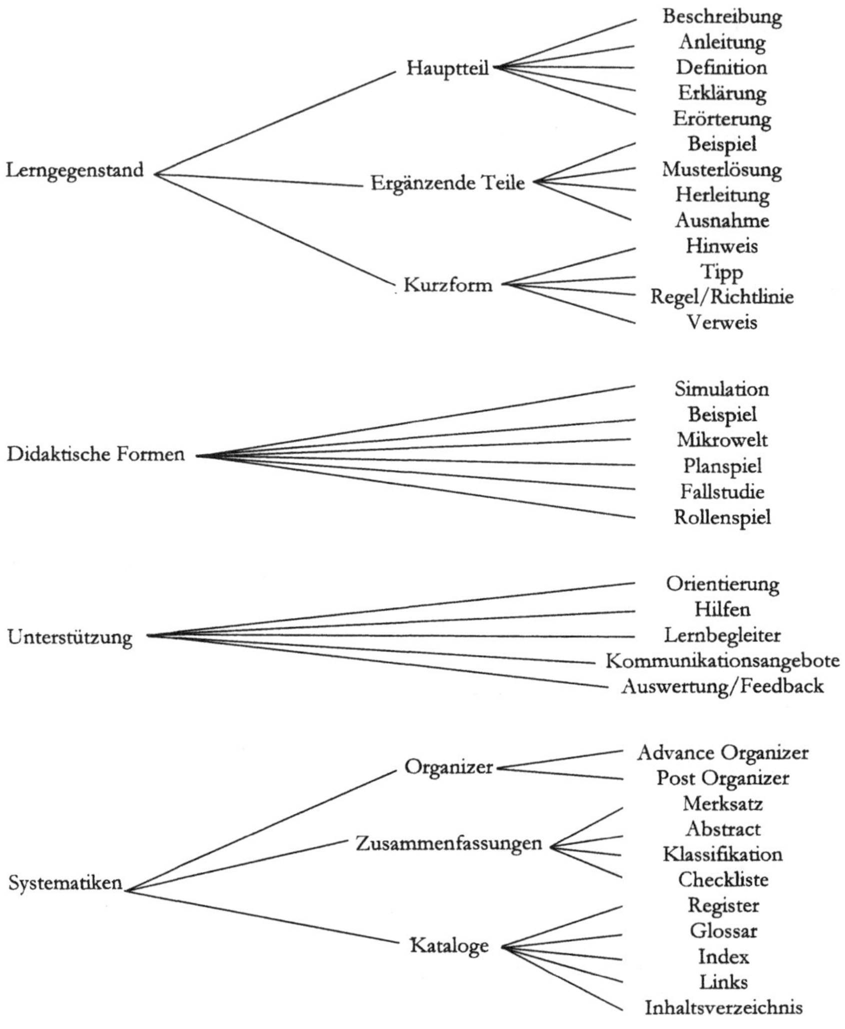
Lerngegenstand
Hauptteil
Beschreibung
Anleitung
Definition
Erklärung
Erörterung
Ergänzende Teile
Beispiel
Musterlösung
Herleitung
Ausnahme
Kurzform
Hinweis
Tipp
Regel/Richtlinie
Verweis
Didaktische Formen
Simulation
Beispiel
Mikrowelt
Planspiel
Fallstudie
Rollenspiel
Unterstützung
Orientierung
Hilfen
Lernbegleiter
Kommunikationsangebote
Auswertung/Feedback
Systematiken
Organizer
Advance Organizer
Post Organizer
Zusammenfassungen
Merksatz
Abstract
Klassifikation
Checkliste
Kataloge
Register
Glossar
Index
Links
Inhaltsverzeichnis

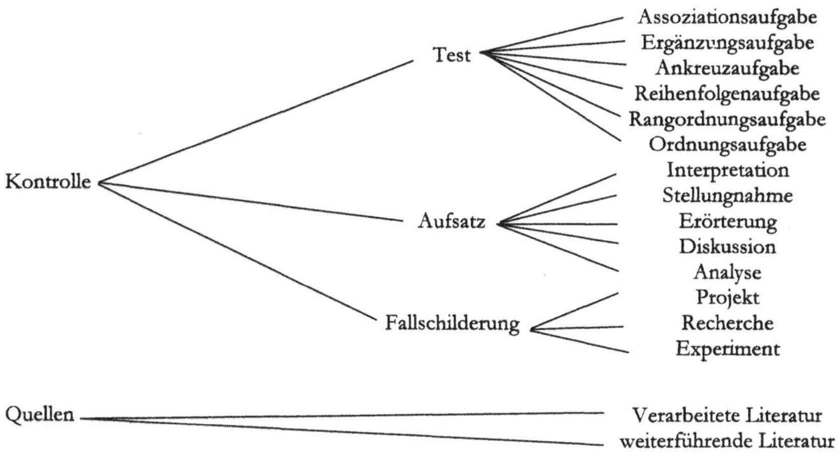

8.2 *DTD-Elemente der PBL-DTD*[158]

8.2.1 Elemente mit makrosequenzieller Funktion

8.2.1.1 <LEHRGANG>

Semantische Beschreibung

Größte Qualifizierungs- und Zertifizierungseinheit.

Technische Verwendung

Container Root Element zur Auszeichnung eines Lehrgangs.

Kontext-Diagramm

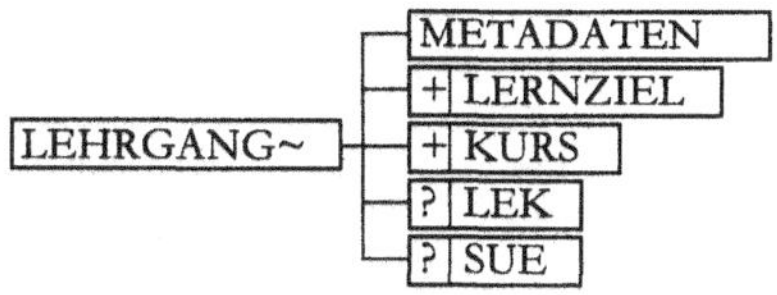

158 Die PBL-DTD wurde im Rahmen des Projekts IMPULS^{EC} am Lehrstuhl für Berufs- und Wirtschaftspädagogik der Universität Leipzig in Zusammenarbeit mit dem Lehrstuhl für Wirtschaftsinformatik, insbesondere Informationsmanagement der Technischen Universität Dresden entwickelt. Sie wurde vollständig veröffentlicht im Research Report 6 einschließlich Beiheft (vgl. Jungmann, Petzoldt, Wirth, Klauser und Schoop, 2004a; 2004b; Jungmann, Wirth, Petzoldt, Klauser und Schoop, 2004b).

Attribute

Attributname	Eigenschaften		Bemerkung
ID	Typ:	Zeichendaten	ID Wert für die eindeutige Adressierung.
	Klasse:	Erforderlich	

8.2.1.2 <KURS>

Semantische Beschreibung

Größte didaktische Einheit, Qualifizierungs- und Zertifizierungseinheit.

Technische Verwendung

Container-Element. Auszeichnung eines Kurses.

Kontext-Diagramm

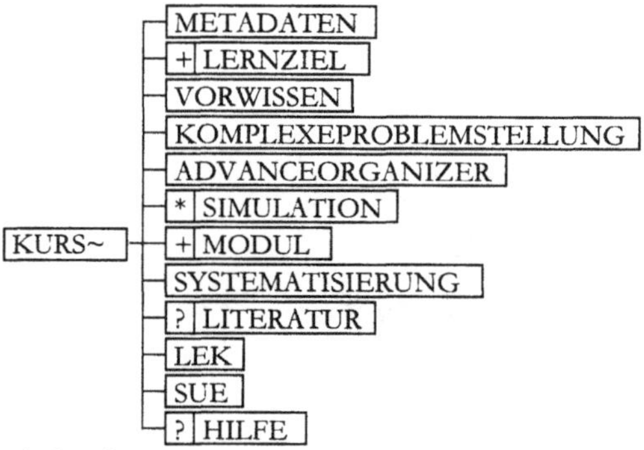

Ist enthalten in

LEHRGANG

Attribute

Attributname	Eigenschaften		Bemerkung
ID	Typ:	Zeichendaten	ID Wert für die eindeutige Adressierung.
	Klasse:	erforderlich	
XB-LEVEL	Typ:	Zeichendaten	Datenbank Wiederverwendungsattribut.
	Klasse:	optional	
XB-DNAME	Typ:	Zeichendaten	Datenbank Wiederverwendungsattribut - Angabe des Namens des Quelldokuments.
	Klasse:	optional	
XB-DRAN	Typ:	Zeichendaten	Datenbank Wiederverwendungsattribut - Angabe des Elementbereichs bei mehreren Elementen gleichen Namens auf der gleichen Ebene.
	Klasse:	optional	
XB-REUSE	Typ:	Zeichendaten	Datenbank Wiederverwendungsattribut - Wiederverwendung des Inhalts eines gleichen Tags.
	Klasse:	optional	
XB-DVAR	Typ:	Zeichendaten	Datenbank Wiederverwendungsattribut - Angabe der

Attributname	Eigenschaften		Bemerkung
ID	Typ:	Zeichendaten	ID Wert für die eindeutige Adressierung.
	Klasse:	erforderlich	
	Klasse:	optional	Dokumentvariante des Quelldokuments.
XB-DVER	Typ:	Zeichendaten	Datenbank Wiederverwendungsattribut - Angabe der Version des Quelldokuments.
	Klasse:	optional	
XB-DVRT	Typ:	Zeichendaten	Datenbank Wiederverwendungsattribut - Angabe der Teildokumentvariante des Quelldokuments.
	Klasse:	optional	
XB-DVST	Typ:	Zeichendaten	Datenbank Wiederverwendungsattribut - Angabe der Version des Teildokuments.
	Klasse:	optional	
XB-XRIPT	Typ:	Zeichendaten	Datenbank Wiederverwendungsattribut – Wiederverwendung über Ausführen eines Xripts.
	Klasse:	optional	

8.2.1.3 <MODUL>

Semantische Beschreibung

Kleinste Qualifizierungs- und Zertifizierungseinheit.

Technische Verwendung

Container-Element. Auszeichnung von Modulen.

Kontext-Diagramm

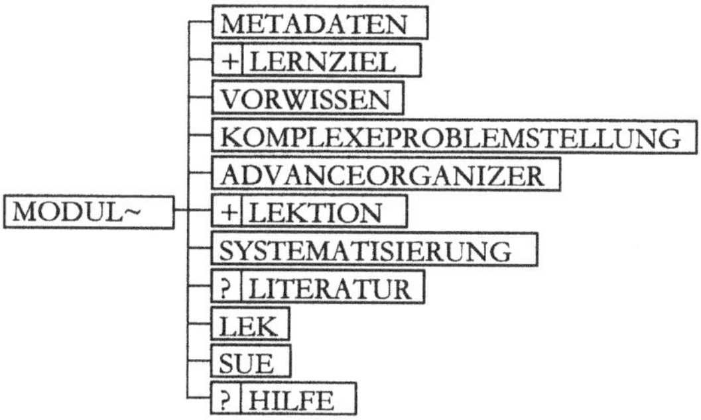

Ist enthalten in

KURS

Attribute

Attributname	Eigenschaften		Bemerkung
ID	Typ:	Zeichendaten	ID Wert zur eindeutigen Identifizierung.
	Klasse:	erforderlich	
XB-LEVEL	Typ:	Zeichendaten	Datenbank Wiederverwendungsattribut.
	Klasse:	optional	
XB-DNAME	Typ:	Zeichendaten	Datenbank Wiederverwendungsattribut – Angabe des

Attributname	Eigenschaften		Bemerkung
	Klasse:	optional	Namens des Quelldokuments.
XB-DRAN	Typ:	Zeichendaten	Datenbank Wiederverwendungsattribut – Angabe des Elementbereichs bei mehreren Elementen gleichen Namens auf der gleichen Ebene.
	Klasse :	optional	
XB-REUSE	Typ :	Zeichendaten	Datenbank Wiederverwendungsattribut – Wiederverwendung des Inhalts eines gleichen Tags.
	Klasse:	optional	
XB-DVAR	Typ:	Zeichendaten	Datenbank Wiederverwendungsattribut – Angabe der Dokumentvariante des Quelldokuments.
	Klasse:	optional	
XB-DVER	Typ:	Zeichendaten	Datenbank Wiederverwendungsattribut – Angabe der Version des Quelldokuments.
	Klasse:	optional	
XB-DVRT	Typ:	Zeichendaten	Datenbank Wiederverwendungsattribut – Angabe der Teildokumentvariante des Quelldokuments.
	Klasse:	optional	
XB-DVST	Typ:	Zeichendaten	Datenbank Wiederverwendungsattribut – Angabe der Version des Teildokuments.
	Klasse:	optional	
XB-XRIPT	Typ:	Zeichendaten	Datenbank Wiederverwendungsattribut – Wiederverwendung über Ausführen eines Xripts.
	Klasse:	optional	

8.2.1.4 <LEKTION>

Semantische Beschreibung

Kleinste didaktisch geschlossene Einheit.

Technische Verwendung

Container-Element zur Auszeichnung einer Lektion.

Kontext-Diagramm

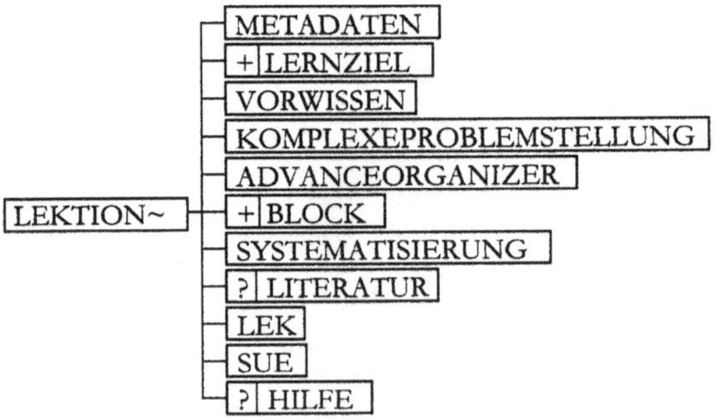

Ist enthalten in

MODUL

Attribute

Attributname	Eigenschaften		Bemerkung
ID	Typ:	Zeichendaten	ID Wert für die eindeutige Adressierung.
	Klasse:	erforderlich	
XB-LEVEL	Typ:	Zeichendaten	Datenbank Wiederverwendungsattribut.
	Klasse:	optional	
XB-DNAME	Typ:	Zeichendaten	Datenbank Wiederverwendungsattribut - Angabe des Namens des Quelldokuments.
	Klasse:	optional	
XB-DRAN	Typ:	Zeichendaten	Datenbank Wiederverwendungsattribut - Angabe des Elementbereichs bei mehreren Elementen gleichen Namens auf der gleichen Ebene.
	Klasse:	optional	
XB-REUSE	Typ:	Zeichendaten	Datenbank Wiederverwendungsattribut - Wiederverwendung des Inhalts eines gleichen Tags.
	Klasse:	optional	
XB-DVAR	Typ:	Zeichendaten	Datenbank Wiederverwendungsattribut - Angabe der Dokumentvariante des Quelldokuments.
	Klasse:	optional	
XB-DVER	Typ:	Zeichendaten	Datenbank Wiederverwendungsattribut - Angabe der Version des Quelldokuments.
	Klasse:	optional	
XB-DVRT	Typ:	Zeichendaten	Datenbank Wiederverwendungsattribut - Angabe der Teildokumentvariante des Quelldokuments.
	Klasse:	optional	
XB-DVST	Typ:	Zeichendaten	Datenbank Wiederverwendungsattribut - Angabe der Version des Teildokuments.
	Klasse:	optional	
XB-XRIPT	Typ:	Zeichendaten	Datenbank Wiederverwendungsattribut - Wiederverwendung über Ausführen eines Xripts.
	Klasse:	optional	

8.2.2 Elemente mit mikrosequenzieller Funktion

8.2.2.1 <LERNZIEL>

Semantische Beschreibung

Angestrebte Kompetenzen, Wissen und Können des Lernenden, auf die sich der folgende Lerninhalt bezieht.

Technische Verwendung

Container-Element. Auszeichnung eines Lernziels.

Kontext-Diagramm

LERNZIEL~ — + FREIERTEXT

Ist enthalten in

KURS | LEHRGANG | LEKTION | MODUL

Attribute

Attributname	Eigenschaften	Bemerkung

Attributname	Eigenschaften		Bemerkung
TYP	Typ:	Wertebereich	Auswahl des Lernzieltyps.
	Klasse:	optional	
	Werte:	KOGNITIV AFFEKTIV MOTORISCH	

8.2.2.2 <VORWISSEN>

Semantische Beschreibung

Vorausgesetztes Wissen des Lernenden über einen inhaltlichen Sachverhalt, auf den sich der folgende Lerninhalt bezieht.

Technische Verwendung

Container-Element. Auszeichnung von Vorwissen.

Kontext-Diagramm

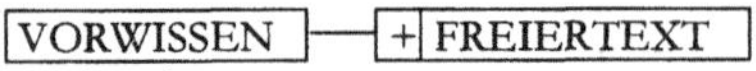

Ist enthalten in

KURS | LEKTION | MODUL

8.2.2.3 <ADVANCEORGANIZER>

Semantische Beschreibung

Inhaltsstruktur zur Orientierung innerhalb des Lernprozesses.

Technische Verwendung

Container-Element. Auszeichnung eines Advance Organizers. Im Advance Organizer werden bei der Publikationskonvertierung automatisch die Einstiegspunkte zu den über- und untergeordneten Ebenen generiert.

Kontext-Diagramm

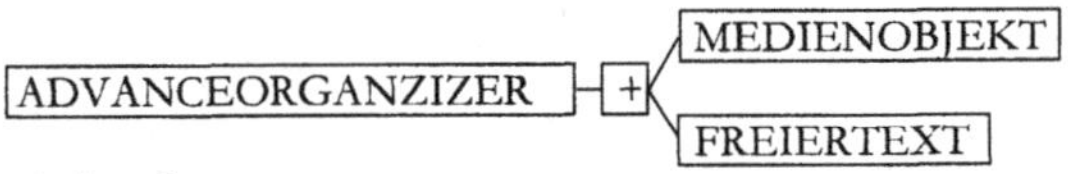

Ist enthalten in

KURS | LEKTION | MODUL

8.2.2.4 <KOMPLEXEPROBLEMSTELLUNG>

Semantische Beschreibung

Didaktisch modellierte authentische Situation, um den folgenden Lernprozess zu initiieren.

Technische Verwendung

Container-Element. Auszeichnung einer komplexen Problemstellung.

Kontext-Diagramm

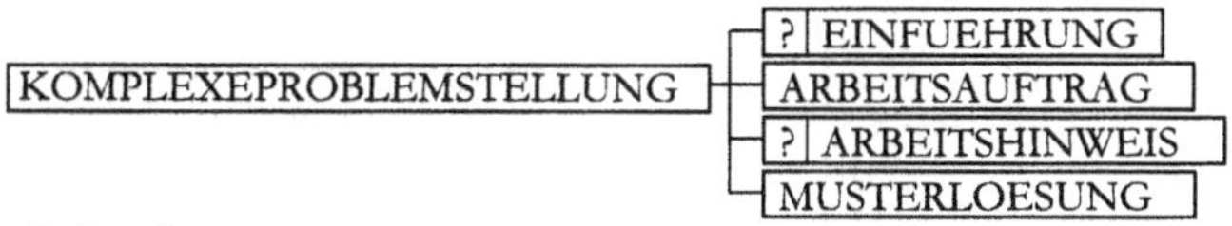

Ist enthalten in

KURS | LEKTION | MODUL

8.2.2.4.1 <EINFUEHRUNG>

Semantische Beschreibung

Beschreibung einer Aufgabe oder eines Problems.

Technische Verwendung

Container-Element. Auszeichnung einer Einführung.

Kontext-Diagramm

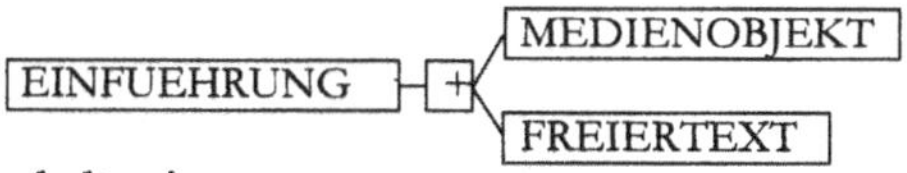

Ist enthalten in

KOMPLEXEPROBLEMSTELLUNG | OFFENE_AUFGABE

8.2.2.4.2 <ARBEITSAUFTRAG>

Semantische Beschreibung

Handlungsanweisung zur Bearbeitung einer Aufgabe oder eines Problems.

Technische Verwendung

Container-Element. Auszeichnung eines Arbeitsauftrags.

Kontext-Diagramm

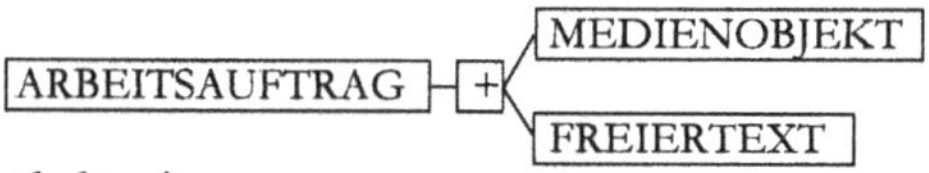

Ist enthalten in

KOMPLEXEPROBLEMSTELLUNG | OFFENE_AUFGABE

8.2.2.4.3 <ARBEITSHINWEIS>

Semantische Beschreibung

Unterstützung zum Bearbeiten einer Aufgabe oder eines Problems; kann z. B. aus der Musterlösung eines ähnlich gelagerten Problems bestehen.

Technische Verwendung

Container-Element. Auszeichnung eines Arbeitshinweises.

Kontext-Diagramm

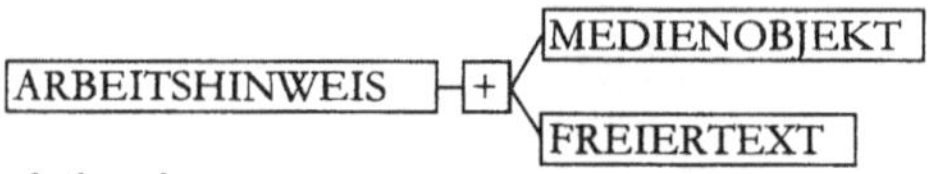

Ist enthalten in

KOMPLEXEPROBLEMSTELLUNG | OFFENE_AUFGABE

8.2.2.4.4 <MUSTERLOESUNG>

Semantische Beschreibung

Beschreibung oder Darstellung der einzelnen Schritte zur Lösung eines Problems oder einer Aufgabe; eine von mehreren möglichen Lösungen.

Technische Verwendung

Container-Element. Auszeichnung einer Musterlösung.

Kontext-Diagramm

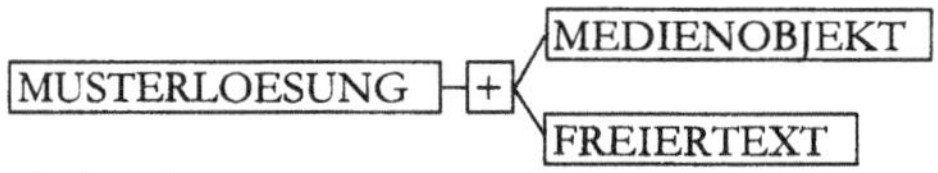

Ist enthalten in

KOMPLEXEPROBLEMSTELLUNG | OFFENE_AUFGABE

8.2.2.5 <SIMULATION>

Semantische Beschreibung

Didaktisches Instrument zur Modellierung komplexer Sachverhalte.

Technische Verwendung

Leeres Element. Auszeichnung einer Simulation. Es wird ein Verweis zu der Simulation spezifiziert.

Kontext-Diagramm

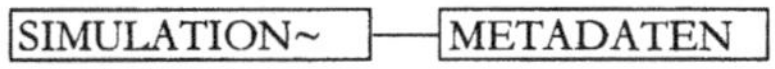

Ist enthalten in

KURS

Attribute

Attributname	**Eigenschaften**		**Bemerkung**
QUELLE	Typ:	Zeichendaten	Dateisystem Pfadangabe der Simulation.
	Klasse:	erforderlich	
ID	Typ:	Zeichendaten	ID Wert zur eindeutigen Identifizierung.
	Klasse:	erforderlich	
XB-LEVEL	Typ:	Zeichendaten	Datenbank Wiederverwendungsattribut.
	Klasse:	optional	
XB-DNAME	Typ:	Zeichendaten	Datenbank Wiederverwendungsattribut – Angabe des

Attributname	Eigenschaften		Bemerkung
	Klasse:	optional	Namens des Quelldokuments.
XB-DRAN	Typ:	Zeichendaten	Datenbank Wiederverwendungsattribut – Angabe des Elementbereichs bei mehreren Elementen gleichen Namens auf der gleichen Ebene.
	Klasse :	optional	
XB-REUSE	Typ :	Zeichendaten	Datenbank Wiederverwendungsattribut – Wiederverwendung des Inhalts eines gleichen Tags.
	Klasse:	optional	
XB-DVAR	Typ:	Zeichendaten	Datenbank Wiederverwendungsattribut – Angabe der Dokumentvariante des Quelldokuments.
	Klasse:	optional	
XB-DVER	Typ:	Zeichendaten	Datenbank Wiederverwendungsattribut – Angabe der Version des Quelldokuments.
	Klasse:	optional	
XB-DVRT	Typ:	Zeichendaten	Datenbank Wiederverwendungsattribut – Angabe der Teildokumentvariante des Quelldokuments.
	Klasse:	optional	
XB-DVST	Typ:	Zeichendaten	Datenbank Wiederverwendungsattribut – Angabe der Version des Teildokuments.
	Klasse:	optional	
XB-XRIPT	Typ:	Zeichendaten	Datenbank Wiederverwendungsattribut – Wiederverwendung über Ausführen eines Xripts.
	Klasse:	optional	

8.2.2.6 <LERNOBJEKT>

Semantische Beschreibung

Kleinste zusammenhängende Bildschirmeinheit.

Technische Verwendung

Container-Element. Auszeichnung eines Lernobjekts.

Kontext-Diagramm

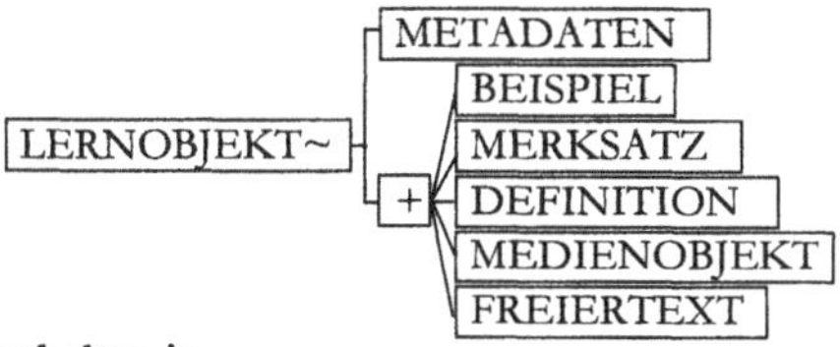

Ist enthalten in

BLOCK

Attribute

Attributname	Eigenschaften		Bemerkung
PART	Typ:	Wertebereich	Identifikation eines alleinstehenden Lernobjektes. (losgelöst von der Flusslinie).
	Vorgabe:	NO	
	Werte:	YES NO	
VERSION	Typ:	Wertebereich	Angabe einer Version. Ein und dasselbe Lernobjekt

Attributname	Eigenschaften		Bemerkung
	Vorgabe:	NO	kann in verschiedenen multimedialen Formen aufbereitet werden.
	Werte:	YES NO	
ID	Typ:	Zeichendaten	ID Wert für die eindeutige Adressierung.
	Klasse:	erforderlich	

8.2.2.7 <BEISPIEL>

Semantische Beschreibung

Beschreibung des Lerninhalts in einer Anwendungssituation.

Technische Verwendung

Container-Element. Auszeichnung eines Beispiels.

Kontext-Diagramm

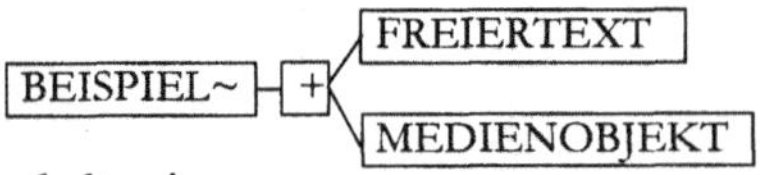

Ist enthalten in

LERNOBJEKT

Attribute

Attributname	Eigenschaften		Bemerkung
MODELL-UNTERNEHMEN	Typ:	Wertebereich	Zuordnung eines Beispiels zum Modellunternehmen (IMPULS SCHUH AG).
	Vorgabe:	IMPULS_SCHUH_AG	
	Werte:	IMPULS_SCHUH_AG KEIN_BEZUG SONSTIGES_UNTERNEHMEN	

8.2.2.8 <DEFINITION>

Semantische Beschreibung

Fachlich feststehende Konvention zur Beschreibung eines Inhalts.

Technische Verwendung

Container-Element. Auszeichnung einer Definition.

Kontext-Diagramm

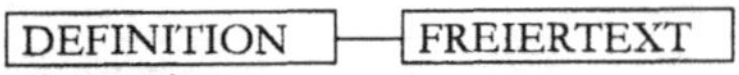

Ist enthalten in

LERNOBJEKT

8.2.2.9 <MERKSATZ>

Semantische Beschreibung

Anwendungsorientierte, handlungsanweisende Kurzbeschreibung des Lerninhalts.

Technische Verwendung

Container-Element .Auszeichnung eines Merksatzes.

Kontext-Diagramm

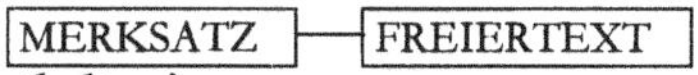

Ist enthalten in

LERNOBJEKT

8.2.2.10 <SYSTEMATISIERUNG>

Semantische Beschreibung

Komplexe Inhaltsstruktur zur Zusammenfassung des Lernprozesses.

Technische Verwendung

Container-Element. Auszeichnung einer Systematisierung.

Kontext-Diagramm

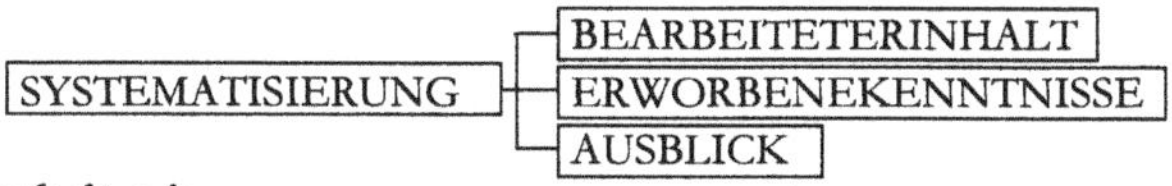

Ist enthalten in

KURS | LEKTION | MODUL

8.2.2.11 <BEARBEITETERINHALT>

Semantische Beschreibung

Beschreibung des vorangegangenen Lerninhalts.

Technische Verwendung

Container-Element. Auszeichnung des bearbeiteten Inhalts.

Kontext-Diagramm

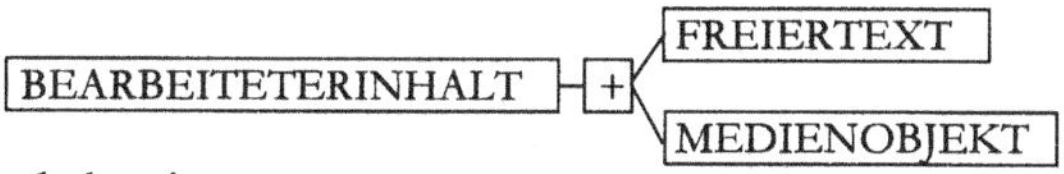

Ist enthalten in

SYSTEMATISIERUNG

8.2.2.12 <ERWORBENEKENNTNISSE>

Semantische Beschreibung

Beschreibung des durch den Lerninhalt erworbenen Wissens.

Technische Verwendung

Container-Element. Auszeichnung der erworbenen Kenntnisse.

Kontext-Diagramm

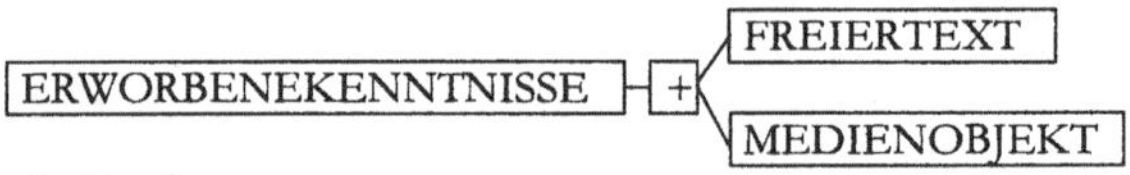

Ist enthalten in

SYSTEMATISIERUNG

8.2.2.13 <AUSBLICK>

Semantische Beschreibung

Beschreibung von Lerngegenständen, die über den aktuellen hinausgehen.

Technische Verwendung

Container-Element. Auszeichnung eines Ausblicks.

Kontext-Diagramm

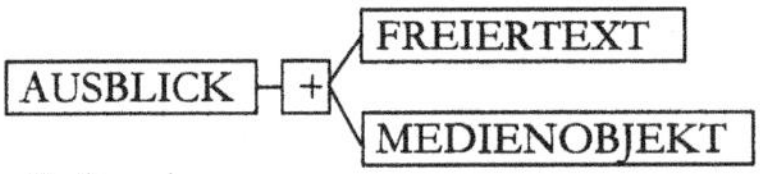

Ist enthalten in

SYSTEMATISIERUNG

8.2.2.14 <SUE>

Technische Verwendung

Container-Element. Auszeichnung von Selbstüberprüfungen.

Kontext-Diagramm

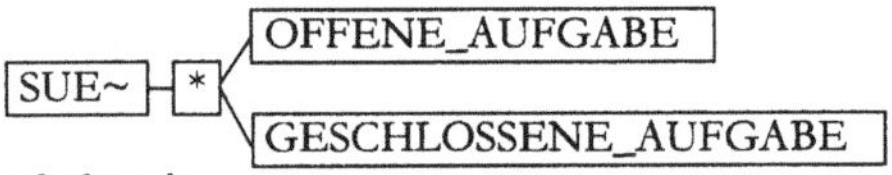

Ist enthalten in

KURS | LEHRGANG | LEKTION | MODUL

Attribute

Attributname	**Eigenschaften**		**Bemerkung**
Quelle	Typ:	Zeichendaten	Dateisystem Pfadangabe der Selbstüberprüfung.
	Klasse:	Erforderlich	
XB-LEVEL	Typ:	Zeichendaten	Datenbank Wiederverwendungsattribut.
	Klasse:	Optional	
XB-DNAME	Typ:	Zeichendaten	Datenbank Wiederverwendungsattribut – Angabe des Namens des Quelldokuments.
	Klasse:	Optional	

Attributname	Eigenschaften		Bemerkung
XB-DRAN	Typ:	Zeichendaten	Datenbank Wiederverwendungsattribut – Angabe des Elementbereichs bei mehreren Elementen gleichen Namens auf der gleichen Ebene.
	Klasse :	Optional	
XB-REUSE	Typ :	Zeichendaten	Datenbank Wiederverwendungsattribut – Wiederverwendung des Inhalts eines gleichen Tags.
	Klasse:	Optional	
XB-DVAR	Typ:	Zeichendaten	Datenbank Wiederverwendungsattribut – Angabe der Dokumentvariante des Quelldokuments.
	Klasse:	Optional	
XB-DVER	Typ:	Zeichendaten	Datenbank Wiederverwendungsattribut – Angabe der Version des Quelldokuments.
	Klasse:	Optional	
XB-DVRT	Typ:	Zeichendaten	Datenbank Wiederverwendungsattribut – Angabe der Teildokumentvariante des Quelldokuments.
	Klasse:	Optional	
XB-DVST	Typ:	Zeichendaten	Datenbank Wiederverwendungsattribut – Angabe der Version des Teildokuments.
	Klasse:	Optional	
XB-XRIPT	Typ:	Zeichendaten	Datenbank Wiederverwendungsattribut – Wiederverwendung über Ausführen eines Xripts.
	Klasse:	Optional	

8.2.2.14.1 <OFFENE_AUFGABE>

Technische Verwendung

Container-Element. Auszeichnung einer offenen Aufgabe.

Kontext-Diagramm

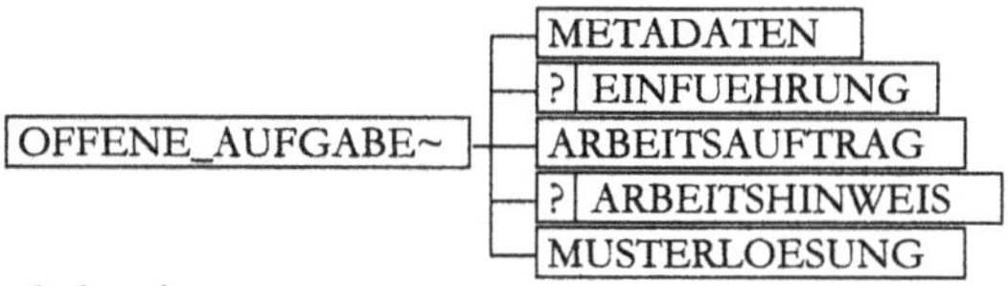

Ist enthalten in

LEK | SUE

Attribute

Attributname	Eigenschaften		Bemerkung
ID	Typ:	Zeichendaten	ID Wert für die eindeutige Adressierung.
	Klasse:	erforderlich	
XB-LEVEL	Typ:	Zeichendaten	Datenbank Wiederverwendungsattribut.
	Klasse:	optional	
XB-DNAME	Typ:	Zeichendaten	Datenbank Wiederverwendungsattribut – Angabe des Namens des Quelldokuments.
	Klasse:	optional	
XB-DRAN	Typ:	Zeichendaten	Datenbank Wiederverwendungsattribut – Angabe des Elementbereichs bei mehreren Elementen gleichen Namens auf der gleichen Ebene.
	Klasse :	optional	
XB-REUSE	Typ :	Zeichendaten	Datenbank Wiederverwendungsattribut –

Attributname	Eigenschaften		Bemerkung
	Klasse:	optional	Wiederverwendung des Inhalts eines gleichen Tags.
XB-DVAR	Typ:	Zeichendaten	Datenbank Wiederverwendungsattribut – Angabe der Dokumentvariante des Quelldokuments.
	Klasse:	optional	
XB-DVER	Typ:	Zeichendaten	Datenbank Wiederverwendungsattribut – Angabe der Version des Quelldokuments.
	Klasse:	optional	
XB-DVRT	Typ:	Zeichendaten	Datenbank Wiederverwendungsattribut – Angabe der Teildokumentvariante des Quelldokuments.
	Klasse:	optional	
XB-DVST	Typ:	Zeichendaten	Datenbank Wiederverwendungsattribut – Angabe der Version des Teildokuments.
	Klasse:	optional	
XB-XRIPT	Typ:	Zeichendaten	Datenbank Wiederverwendungsattribut – Wiederverwendung über Ausführen eines Xripts.
	Klasse:	optional	

8.2.2.14.2 <GESCHLOSSENE_AUFGABE>

Technische Verwendung

Container-Element. Auszeichnung einer geschlossenen Aufgabe.

Kontext-Diagramm

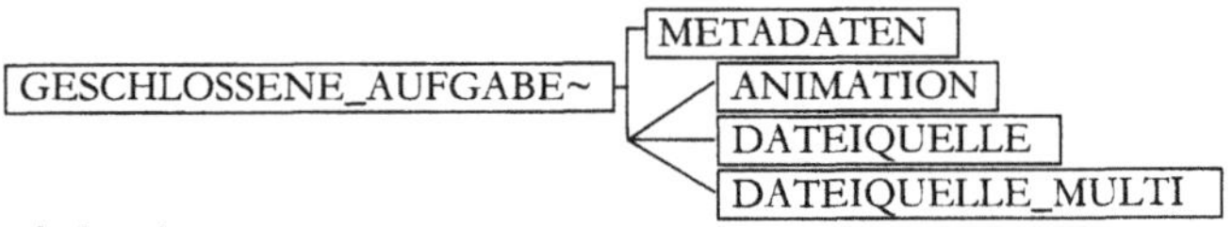

Ist enthalten in

LEK | SUE

Attribute

Attributname	Eigenschaften		Bemerkung
ID	Typ:	Zeichendaten	ID Wert für die eindeutige Adressierung.
	Klasse:	erforderlich	
XB-LEVEL	Typ:	Zeichendaten	Datenbank Wiederverwendungsattribut.
	Klasse:	optional	
XB-DNAME	Typ:	Zeichendaten	Datenbank Wiederverwendungsattribut – Angabe des Namens des Quelldokuments.
	Klasse:	optional	
XB-DRAN	Typ:	Zeichendaten	Datenbank Wiederverwendungsattribut - Angabe des Elementbereichs bei mehreren Elementen gleichen Namens auf der gleichen Ebene.
	Klasse:	optional	
XB-REUSE	Typ:	Zeichendaten	Datenbank Wiederverwendungsattribut - Wiederverwendung des Inhalts eines gleichen Tags.
	Klasse:	optional	
XB-DVAR	Typ:	Zeichendaten	Datenbank Wiederverwendungsattribut - Angabe der Dokumentvariante des Quelldokuments.
	Klasse:	optional	
XB-DVER	Typ:	Zeichendaten	Datenbank Wiederverwendungsattribut - Angabe der Version des Quelldokuments.
	Klasse:	optional	

Attributname	Eigenschaften		Bemerkung
XB-DVRT	Typ:	Zeichendaten	Datenbank Wiederverwendungsattribut - Angabe der Teildokumentvariante des Quelldokuments.
	Klasse:	optional	
XB-DVST	Typ:	Zeichendaten	Datenbank Wiederverwendungsattribut - Angabe der Version des Teildokuments.
	Klasse:	optional	
XB-XRIPT	Typ:	Zeichendaten	Datenbank Wiederverwendungsattribut - Wiederverwendung über Ausführen eines Xripts.
	Klasse:	optional	

8.2.2.15 <LEK>

Technische Verwendung

Container-Element zur Auszeichnung einer Lernerfolgskontrolle.

Kontext-Diagramm

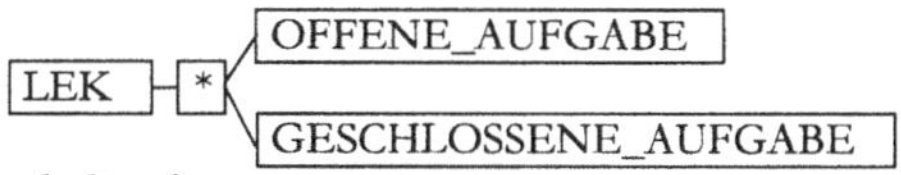

Ist enthalten in

KURS | LEHRGANG | LEKTION | MODUL

Attribute

Attributname	Eigenschaften		Bemerkung
ID	Typ:	Zeichendaten	ID Wert für die eindeutige Adressierung.
	Klasse:	Erforderlich	
XB-LEVEL	Typ:	Zeichendaten	Datenbank Wiederverwendungsattribut.
	Klasse:	Optional	
XB-DNAME	Typ:	Zeichendaten	Datenbank Wiederverwendungsattribut – Angabe des Namens des Quelldokuments.
	Klasse:	Optional	
XB-DRAN	Typ:	Zeichendaten	Datenbank Wiederverwendungsattribut – Angabe des Elementbereichs bei mehreren Elementen gleichen Namens auf der gleichen Ebene.
	Klasse :	Optional	
XB-REUSE	Typ :	Zeichendaten	Datenbank Wiederverwendungsattribut – Wiederverwendung des Inhalts eines gleichen Tags.
	Klasse:	Optional	
XB-DVAR	Typ:	Zeichendaten	Datenbank Wiederverwendungsattribut – Angabe der Dokumentvariante des Quelldokuments.
	Klasse:	Optional	
XB-DVER	Typ:	Zeichendaten	Datenbank Wiederverwendungsattribut – Angabe der Version des Quelldokuments.
	Klasse:	Optional	
XB-DVRT	Typ:	Zeichendaten	Datenbank Wiederverwendungsattribut – Angabe der Teildokumentvariante des Quelldokuments.
	Klasse:	Optional	
XB-DVST	Typ:	Zeichendaten	Datenbank Wiederverwendungsattribut – Angabe der Version des Teildokuments.
	Klasse:	Optional	
XB-XRIPT	Typ:	Zeichendaten	Datenbank Wiederverwendungsattribut -

Attributname	Eigenschaften		Bemerkung
	Klasse:	Optional	Wiederverwendung über Ausführen eines Xripts.

8.2.2.16 <HILFE>

Semantische Beschreibung

Inhaltliche Unterstützung des Lernprozesses.

Technische Verwendung

Container-Element. Auszeichnung einer Hilfe.

Kontext-Diagramm

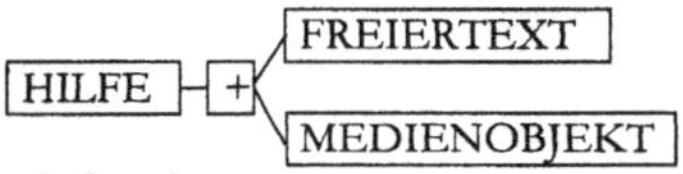

Ist enthalten in

KURS | LEKTION | MODUL

8.2.3 Elemente mit medialer Präsentationsfunktion

8.2.3.1 <MEDIENOBJEKT>

Semantische Beschreibung

Kleinste zusammenhängende multimediale Einheit.

Technische Verwendung

Container-Element. Auszeichnung von Medienobjekten.

Kontext-Diagramm

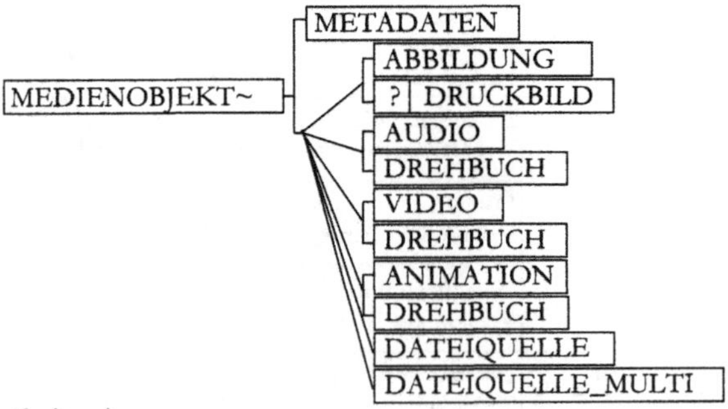

Ist enthalten in

ADVANCEORGANIZER | ARBEITSAUFTRAG | ARBEITSHINWEIS | AUSBLICK | BEARBEITETERINHALT | BEISPIEL | EINFUEHRUNG | ERWORBENEKENNTNISSE | HILFE | LERNOBJEKT | MUSTERLOESUNG

Attribute

Attributname	Eigenschaften		Bemerkung
ID	Typ:	Zeichendaten	ID Wert für die eindeutige Adressierung.
	Klasse:	erforderlich	
MEDIATHEK	Typ:	Wertebereich	Auswahl zur Verwendung in einer Mediathek.
	Klasse:	optional	
	Werte:	JA NEIN	
XB-LEVEL	Typ:	Zeichendaten	Datenbank Wiederverwendungsattribut.
	Klasse:	optional	
XB-DNAME	Typ:	Zeichendaten	Datenbank Wiederverwendungsattribut - Angabe des Namens des Quelldokuments.
	Klasse:	optional	
XB-DRAN	Typ:	Zeichendaten	Datenbank Wiederverwendungsattribut - Angabe des Elementbereichs bei mehreren Elementen gleichen Namens auf der gleichen Ebene.
	Klasse:	optional	
XB-REUSE	Typ:	Zeichendaten	Datenbank Wiederverwendungsattribut - Wiederverwendung des Inhalts eines gleichen Tags.
	Klasse:	optional	
XB-DVAR	Typ:	Zeichendaten	Datenbank Wiederverwendungsattribut - Angabe der Dokumentvariante des Quelldokuments.
	Klasse:	optional	
XB-DVER	Typ:	Zeichendaten	Datenbank Wiederverwendungsattribut - Angabe der Version des Quelldokuments.
	Klasse:	optional	
XB-DVRT	Typ:	Zeichendaten	Datenbank Wiederverwendungsattribut - Angabe der Teildokumentvariante des Quelldokuments.
	Klasse:	optional	
XB-DVST	Typ:	Zeichendaten	Datenbank Wiederverwendungsattribut - Angabe der Version des Teildokuments.
	Klasse:	optional	
XB-XRIPT	Typ:	Zeichendaten	Datenbank Wiederverwendungsattribut – Wiederverwendung über Ausführen eines Xripts.
	Klasse:	optional	

8.2.3.2 <FREIERTEXT>

Semantische Beschreibung

Kleinste technische, nur-text-basierte Einheit.

Technische Verwendung

Daten- und Container-Element. Auszeichnung von Textabsätzen. Der Inhalt eines FREIERTEXT Elements kann durch die Verwendung der Unterelemente weiter spezifiziert werden.

Kontext-Diagramm

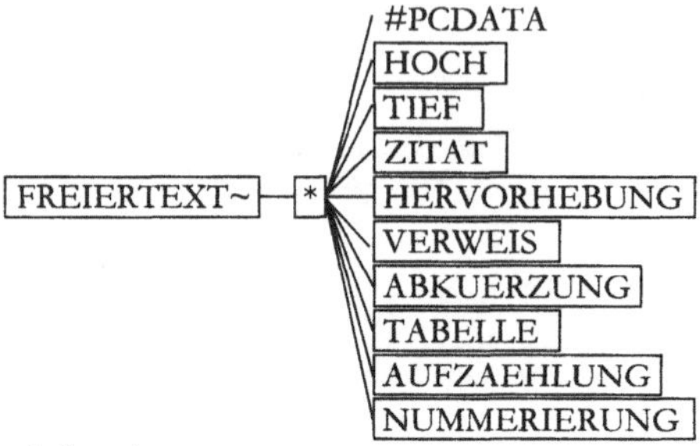

Ist enthalten in

ADVANCEORGANIZER | ARBEITSAUFTRAG | ARBEITSHINWEIS | AUSBLICK | BEARBEITETERINHALT | BEISPIEL | DEFINITION | DREHBUCH | EINFUEHRUNG | ERWORBENEKENNTNISSE | HILFE | LERNOBJEKT | LERNZIEL | MERKSATZ | MUSTERLOESUNG | VORWISSEN

Attribute

Attributname	**Eigenschaften**		**Bemerkung**
ANORDNUNG	Typ:	Wertebereich	Formatierungsangabe.
	Klasse:	optional	
	Werte:	LINKS RECHTS	
XB-ZERLEGUNG	Typ:	Wertebereich	Datenbankattribut.
	Vorgabe:	NEIN	
	Werte:	JA NEIN GESPERRT	

8.2.3.2.1 <AUFZAEHLUNG>

Technische Verwendung

Container-Element. Auszeichnung einer Aufzählung.

Kontext-Diagramm

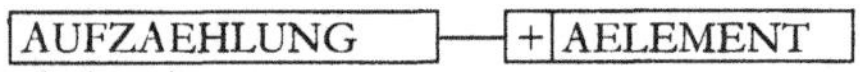

Ist enthalten in

AELEMENT | FREIERTEXT | NELEMENT

8.2.3.2.2 <NUMMERIERUNG>

Technische Verwendung

Container-Element. Auszeichnung von Nummerierungen.

Kontext-Diagramm

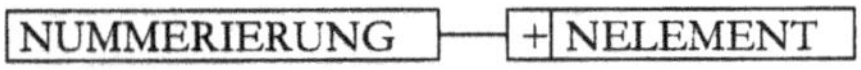

Ist enthalten in

AELEMENT | FREIERTEXT | NELEMENT

8.2.3.2.3 <HERVORHEBUNG>

Semantische Beschreibung

Besonders gekennzeichnetes, text-basiertes Element.

Technische Verwendung

Container- und Daten-Element. Auszeichnung von Hervorhebungen.

Kontext-Diagramm

Ist enthalten in

AELEMENT | FREIERTEXT | NELEMENT | ZITAT

Attribute

Attributname	**Eigenschaften**		**Bemerkung**
STIL	Typ:	Wertebereich	Auswahl eines Hervorhebungstyps.
	Vorgabe:	KURSIV	
	Werte:	KURSIV	

8.2.3.2.4 <ZITAT>

Semantische Beschreibung

Wörtliche Übernahme eines Textes aus einer publizierten Quelle die als Literatureintrag angegeben ist.

Technische Verwendung

Daten- und Container-Element. Angabe eines Zitats.

Kontext-Diagramm

Ist enthalten in

AELEMENT | FREIERTEXT | NELEMENT

8.2.3.3 <ABBILDUNG>

Semantische Beschreibung

Statische, entweder grafische oder fotografische Darstellung.

Technische Verwendung

Leeres Element. Auszeichnung einer Abbildung. Es wird ein Verweis auf die Abbildung spezifiziert.

Kontext-Diagramm

ABBILDUNG~	empty

Ist enthalten in

MEDIENOBJEKT

Attribute

Attributname	**Eigenschaften**		**Bemerkung**
QUELLE	Typ:	Zeichendaten	Dateisystem Pfadangabe der Abbildung.
	Klasse:	Erforderlich	
HOEHE	Typ:	Zeichendaten	Höhenangabe der Abbildung in Pixel.
	Klasse:	Optional	
BREITE	Typ:	Zeichendaten	Breitenangabe der Abbildung in Pixel.
	Klasse:	Optional	
FORMAT	Typ:	Wertebereich	Auswahl des Formats der Abbildung.
	Klasse:	Erforderlich	
	Werte:	GIF JPG PNG TIF	
VERWEISTYP	Typ:	Wertebereich	Auswahl des Verweistyps. Bei Spezifizierung des Attributs Verweisziel wird ein Link definiert.
	Klasse:	Optional	
	Werte:	QUERVERWEIS LITERATURVERWEIS INTERNETVERWEIS GLOSSARVERWEIS	
VERWEISZIEL	Typ:	Zeichendaten	URL Angabe bei Verweistyp Internetverweis.
	Klasse:	Optional	
ZIELID	Typ:	Zeichendaten	Ziel-ID Angabe bei Verweistypwerten Querverweis, Literaturverweis und Glossarverweis.
	Klasse:	Optional	
EDIT_STATUS	Typ:	Wertebereich	Auswahl des Bearbeitungsstatus.
	Vorgabe:	NEU	
	Werte:	NEU GEAENDERT –	

8.2.3.4 <ANIMATION>

Semantische Beschreibung

Dynamische, bewegte, grafische Darstellung.

Technische Verwendung

Leeres Element. Auszeichnung von Animationen. Es wird ein Verweis zu der Animation spezifiziert.

Kontext-Diagramm

ANIMATION~ empty

Ist enthalten in

GESCHLOSSENE_AUFGABE | MEDIENOBJEKT

Attribute

Attributname	Eigenschaften		Bemerkung
QUELLE	Typ:	Zeichendaten	Dateisystem Pfadangabe der Animation.
	Klasse:	Erforderlich	
HOEHE	Typ:	Zeichendaten	Höhenangabe der Animation in Pixel.
	Vorgabe:	350	
BREITE	Typ:	Zeichendaten	Breitenangabe der Animation in Pixel.
	Vorgabe:	500	
FORMAT	Typ:	Wertebereich	Auswahl des Dateiformats der Animation.
	Klasse:	Erforderlich	
	Werte:	SWF FLA AAM	
EDIT_STATUS	Typ:	Wertebereich	Auswahl des Bearbeitungsstatus.
	Vorgabe:	NEU	
	Werte:	NEU GEAENDERT -	

8.2.3.4.1 <DREHBUCH>

Semantische Beschreibung

Text-basierte Grundlage zur Produktion einer Animations-, Audio- oder Videosequenz.

Technische Verwendung

Leeres Element. Auszeichnung eines Drehbuchs. Es wird ein Verweis zu dem Drehbuch spezifiziert.

Kontext-Diagramm

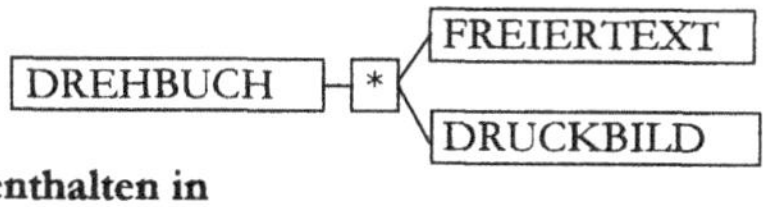

Ist enthalten in

MEDIENOBJEKT

8.2.3.4.2 <DRUCKBILD>

Semantische Beschreibung

Statisch grafische Darstellung einer Abbildung oder einer Animationssequenz.

Technische Verwendung

Leeres Element. Auszeichnung eines Druckbildes. Es wird ein Verweis zu dem Druckbild spezifiziert.

Kontext-Diagramm

DRUCKBILD~ empty

Ist enthalten in

DREHBUCH | MEDIENOBJEKT

Attribute

Attributname	**Eigenschaften**		**Bemerkung**
QUELLE	Typ:	Zeichendaten	Dateisystem Pfadangabe des Druckbildes.
	Klasse:	erforderlich	
HOEHE	Typ:	Zeichendaten	Höhenangabe des Druckbildes in Pixel.
	Klasse:	optional	
BREITE	Typ:	Zeichendaten	Breitenangabe des Druckbildes in Pixel.
	Klasse:	optional	
FORMAT	Typ:	Wertebereich	Auswahl des Druckbildformats.
	Klasse:	erforderlich	
	Werte:	GIF JPG PNG TIF	
EDIT_STATUS	Typ:	Wertebereich	Auswahl des Bearbeitungsstatus.
	Vorgabe:	NEU	
	Werte:	NEU GEAENDERT -	

8.2.3.5 <VIDEO>

Semantische Beschreibung

Dynamische, bewegte, fotografische Darstellung.

Technische Verwendung

Leeres Element. Auszeichnung von Videos. Es wird ein Verweis zu dem Video spezifiziert.

Kontext-Diagramm

VIDEO~ empty

Ist enthalten in

MEDIENOBJEKT

Attribute

Attributname	Eigenschaften		Bemerkung
QUELLE	Typ:	Zeichendaten	Dateisystem Pfadangabe des Videos.
	Klasse:	erforderlich	
HOEHE	Typ:	Zeichendaten	Höhenangabe des Videos in Pixel.
	Vorgabe:	240	
BREITE	Typ:	Zeichendaten	Breitenangabe des Videos in Pixel.
	Vorgabe:	352	
FORMAT	Typ:	Wertebereich	Auswahl des Dateiformats des Videos.
	Klasse:	erforderlich	
	Werte:	AVI RM WMV MOV MPG	
EDIT_STATUS	Typ:	Wertebereich	Auswahl des Bearbeitungstatus.
	Vorgabe:	NEU	
	Werte:	NEU GEAENDERT -	

8.2.3.6 <DATEIQUELLE>

Technische Verwendung

Leeres Element. Auszeichnung einer Dateiquelle. Es wird ein Verweis zu der Dateiquelle spezifiziert.

Kontext-Diagramm

DATEIQUELLE~ empty

Ist enthalten in

GESCHLOSSENE_AUFGABE | MEDIENOBJEKT

Attribute

Attributname	Eigenschaften		Bemerkung
QUELLE	Typ:	Zeichendaten	Dateisystem Pfadangabe der Dateiquelle.
	Klasse:	Erforderlich	
HOEHE	Typ:	Zeichendaten	Höhenangabe für die Einbindung der Dateiquelle in Pixel.
	Vorgabe:	350	
BREITE	Typ:	Zeichendaten	Breitenangabe für die Einbindung der Dateiquelle in Pixel.
	Vorgabe:	500	
FORMAT	Typ:	Zeichendaten	Format der Dateiquelle.
	Klasse:	erforderlich	

Attributname	Eigenschaften		Bemerkung
EDIT_STATUS	Typ:	Wertebereich	Auswahl des Bearbeitungsstatus.
	Vorgabe:	NEU	
	Werte:	NEU GEAENDERT -	

8.2.3.7 <VERWEIS>

Semantische Beschreibung

Verknüpfung zu einem internen Element oder einem externen Dokument.

Technische Verwendung

Daten-Element. Angabe eines Verweises.

Kontext-Diagramm

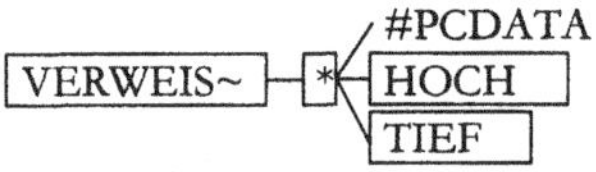

Ist enthalten in

AELEMENT | FREIERTEXT | NELEMENT

Attribute

Attributname	Eigenschaften		Bemerkung
VERWEISTYP	Typ:	Wertebereich	Auswahl des Verweistyps.
	Klasse:	erforderlich	
	Werte:	QUERVERWEIS QUERVERWEIS_VERSION QUERVERWEIS_PARENT QUERVERWEIS_CHILD LITERATURVERWEIS INTERNETVERWEIS GLOSSARVERWEIS	
VERWEISZIEL	Typ:	Zeichendaten	URL Angabe bei Verweistyp Internetverweis.
	Klasse:	erforderlich	
ZIELID	Typ:	Zeichendaten	Ziel-ID Angabe bei Verweistyp Querverweis, Literaturverweis und Glossarverweis.
	Klasse:	optional	

8.3 Vorgaben für die Erstellung von Lernsequenzen[159]

8.3.1 Richtlinien zur Erstellung von Inhalten (Ausschnitt)

Visuelle Elemente	
Abbildungen	• Eine Abbildung pro inhaltlicher Einheit ist aufzunehmen. • Abbildungen müssen eindeutig beschriftet bzw. betitelt sein (incl. Legende und gegebenenfalls Abkürzungsverzeichnis).
Farbe	• Inhaltlich oder funktional gleiche Elemente sind mit der gleichen Farbe zu versehen. • Wesentliche Aspekte in hellen oder leuchtenden Farben darstellen. • Nicht mehr als drei Farben verwenden.
Kombination von Text und Bild	• Bei Abbildungen und dazugehörigem Text muss eindeutig belegt sein, in welchem Medium sich die Hauptaussage befindet. • Es ist auszuweisen, ob die inhaltliche Beziehung komplementär oder elaborativ ist.
Format	• JPEG sollte für fotografische Bilder (genaue Farbwiedergabe entscheidend) – GIF dagegen für Grafiken, die mit weniger Farbe auskommen, verwendet werden. • Besonders bei Grafiken ist auf die Dateigröße zu achten. Sind die Dateien zu groß entwickelt sich das WWW für langsame Zugänge (z. B. Modem) zum World Wide Wait... Daher sollte unbedingt auf die Dateigröße geachtet werden. Getreu dem Motto - weniger ist mehr. Das entwickelt sich oft zur Gratwanderung zwischen Bildqualität und Übertragungsgeschwindigkeit. • weitere Hinweise („Vergleich der Grafikformate GIF und JPG" sowie zusätzliche GIF-Features) im Anhang
Position der Bilder	• Zusammenhänge zwischen Elementen müssen gekennzeichnet werden. • Die Wichtigkeit des Bilds muss angegeben werden.

[159] Die Vorgaben entstanden im Projekt IMPULS[EC] in Zusammenarbeit des Lehrstuhls für Berufs- und Wirtschaftspädagogik der Universität Leipzig und des Lehrstuhls für für Wirtschaftsinformatik, insbesondere Informationsmanagement der Technischen Universität Dresden. Sie wurden bisher nicht veröffentlicht.

8.3.2 Stilvorgaben für visuelle Elemente (Ausschnitt)

Stilvorgaben für visuelle Elemente

„Zeichenstil" bzw. Realitätsgrad

„Wir bevorzugen einen Grad zwischen (1) Eule und (2) Wald, also nicht fotorealistisch, sondern eher „comichaft".

„Detailhaftigkeit" oder Abstraktionsgrad

Der Abstraktionsgrad sollte für kleine Einheiten – also Buttons und Symbole – mittig bis hoch gehalten werden: die wesentlichen Merkmale sollten erkennbar sein, unwesentliches wegfallen.

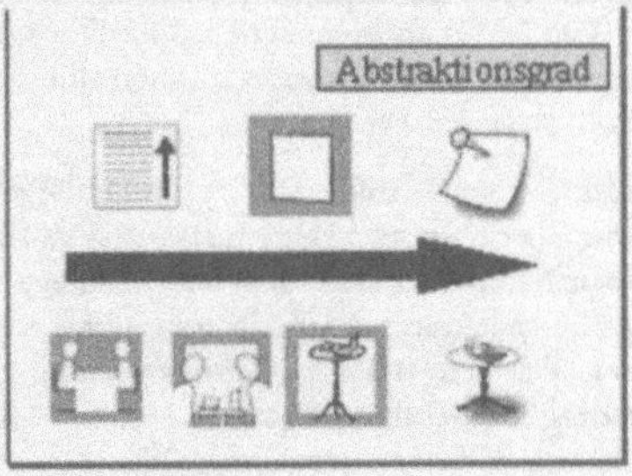

8.4 *Kurs E-Commerce als komplexes Wissensgebiet – Eine Einführung*[160]

8.4.1 Handlung der narrativen Sequenz

Aufgeschreckt durch Meldungen aus der Fachpresse über steigende Umsätze und Gewinne bei einem Mitbewerber ruft der kaufmännische Geschäftsführer Dr. Schuhmacher die Führungskräfte des Unternehmens zusammen, um die Ursachen für diese Entwicklung zu analysieren. Sie beschließen, die Unternehmensberaterin Frau Rathmann zu konsultieren. Das Gremium kommt nach eingehender Beratung zu dem Schluss, dass der Umsatz- und Gewinnzuwachs beim Konkurrenten vor allem auf die Aktivitäten im elektronischen Handel zurückzuführen sei. Es wird beschlossen, zunächst die Chancen und Risiken der elektronischen Geschäftsabwicklung zu analysieren, darauf aufbauend eine Strategie zur Einführung von E-Commerce-Lösungen für das eigene Unternehmen zu entwerfen und umzusetzen. Dazu wird der Projektleiter Herr Meyer eingesetzt. Am Ende dieser Sequenz erhält Herr Meyer den Auftrag, die Einsatzgebiete, Aufgabenbereiche, Chancen und Risiken des Einsatzes von E-Commerce-Lösungen für das Unternehmen zu erarbeiten und seine Ergebnisse in Form eines Berichts auf der nächsten Vorstandssitzung zu präsentieren.

---

[160] Das folgende Material ist Teil des Kurs *E-Commerce als komplexes Wissensgebiet – Eine Einführung*, der in Zusammenarbeit der sechs am Projekt IMPULS^{EC} beteiligten Universitäten entstand.

8.4.2 Ausgewählte Screenshots

8.4.2.1 Homepage des Modellunternehmens IMPULS-Schuh-AG: Startseite

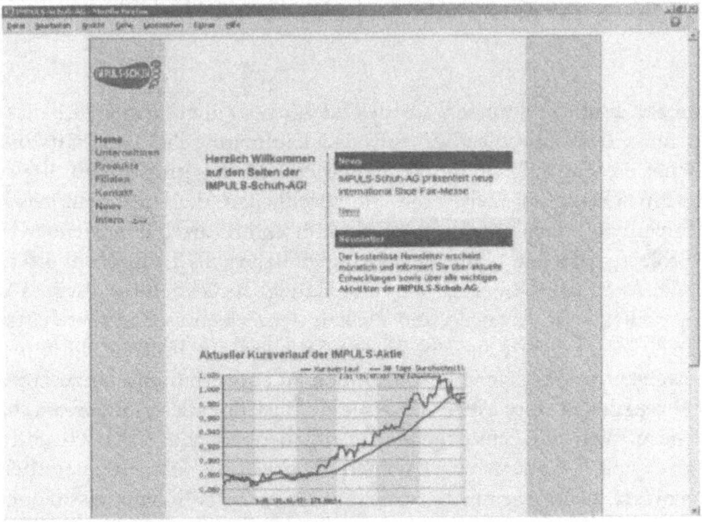

8.4.2.2 Präsentation der Produkte im Internet

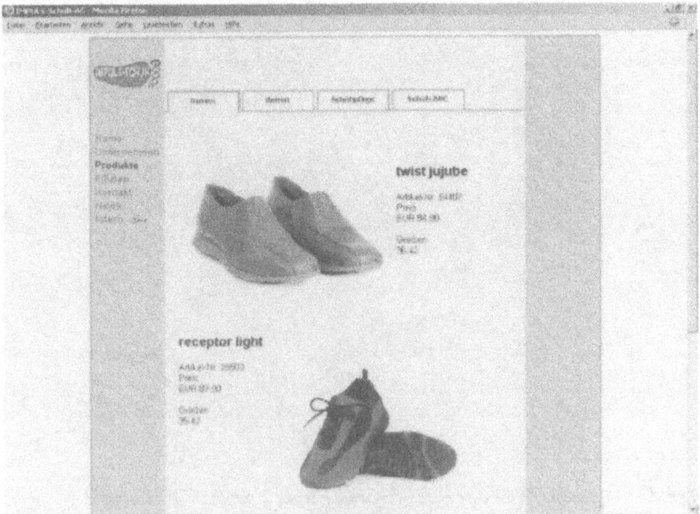

8.4.2.3 Komplexe Problemstellung mit Arbeitsauftrag

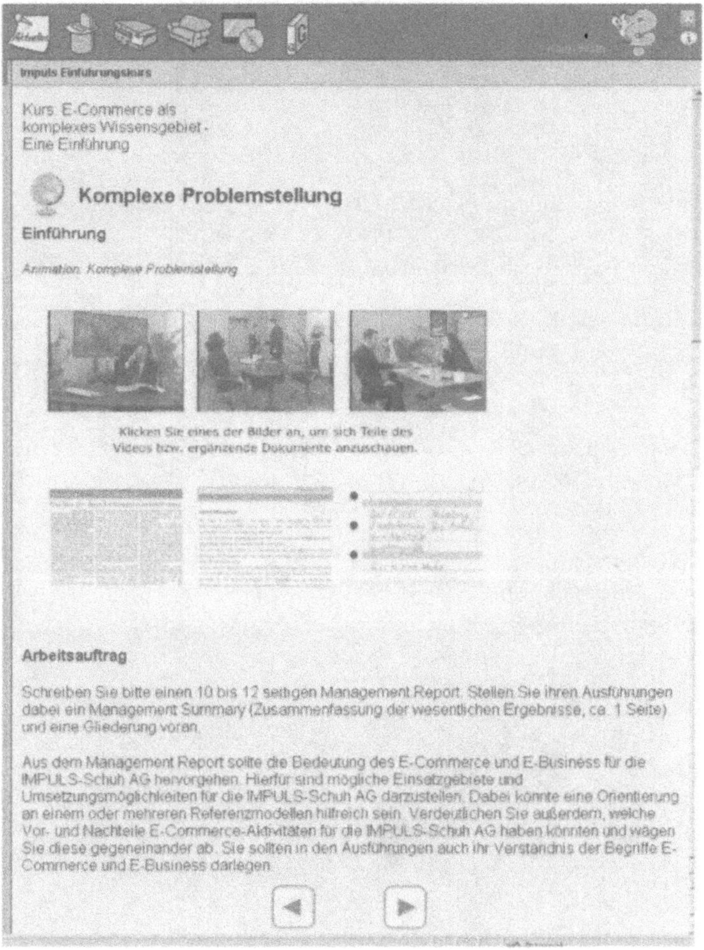

8.4.2.4 *Didaktischer Haltepunkt: Artikel in der Fachzeitschrift Handelswoche*

HandelsWoche HINTERGRUND Seite

Elite Shoe AG - Durch E-Commerce einen Schritt voraus

München (dpa/EB) **E-Commerce, E-Business für viele Unternehmen immer noch ein Fremdwort. Ein Hersteller von klassischen Herrenschuhen macht jetzt durch moderne Unternehmensstrategie auf sich aufmerksam.**

Auf der Hauptversammlung der Elite Shoe AG konnte der Vorstand beeindruckende Zahlen präsentieren. 30 % Umsatz- und eine Gewinnsteigerung um fast die Hälfte lassen aufhorchen in Zeiten rückläufiger Zahlen in der Schuhindustrie. Gerade für ein in Deutschland ansässiges und produzierendes Unternehmen kommen derartige Erfolgsmeldungen unerwartet.

Die dynamische Entwicklung des Unternehmens führt der Vorstandsvorsitzende Jürgen Leitner vor allem auf den Einsatz moderner Internet-Technologien zurück.

Denn schaut man sich die Zahlen der Elite AG einmal im Detail an, muss sie wie viele andere Unternehmen der Branche im klassischen Geschäft Einbrüche um die 10 Prozent hinnehmen. Die Unternehmensführung hat jedoch bereits vor zwei Jahren die Zeichen der Zeit erkannt und von einer Unternehmensberatung ein modernes Firmenkonzept mit Einsatz von E-Commerce-Technologien erstellen lassen. Wie Leitner weiter ausführte hat das Unternehmen Ende 2000 den Vertrieb über das Internet begonnen. Im Jahr 2001 wurden bereits knapp 40 % der Umsätze über das Portal der Elite Shoe AG abgewickelt.

Der Einsatz moderner Instrumente beschränkt sich jedoch nicht nur auf den Vertrieb. Der Verkauf über das Internet ist gekoppelt mit Warenwirtschaftssystemen und elektronischen Abrechnungssystem. Dies führte zu erheblichen Kosteneinsparungen des Unternehmens, so der Finanzvorstand auf der Hauptversammlung.

Insbesondere von Vertretern des Betriebsrats wurden Befürchtungen geäußert, der Einsatz von E-Commerce könnte zu Personalabbau führen. Leitner konnte aber auch im Personalbereich Positives vermelden: Durch die Produktionssteigerung konnten die Personaleinsparungen in der Verwaltung und im Vertrieb mehr als ausgeglichen werden, so dass die Elite Shoe AG Ende 2002 fast 50 Mitarbeiter mehr beschäftigen werde, als vor zwei Jahren.

Die Hauptversammlung stimmte einer durch die Ergebnisverbesserung möglich gewordenen Erhöhung der Dividende zu. Damit konnte die Gewinnausschüttung das erste Mal seit 1998 erhöht werden. RU

Internet-Technologie XML weiter auf dem Vormarsch

8.4.2.5 *Musterlösung: Startseite der Videosequenz*

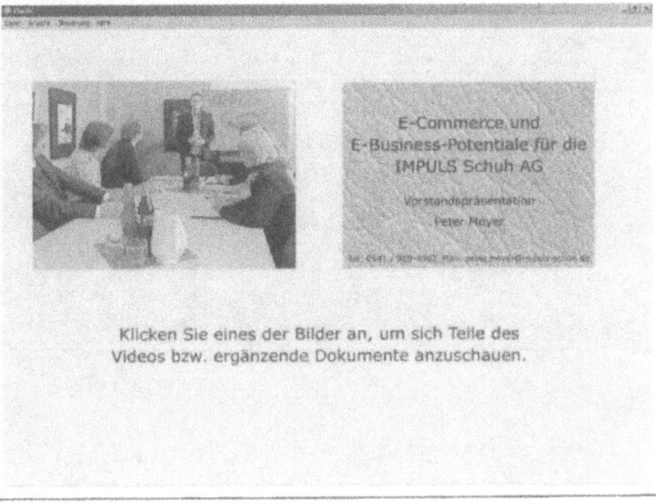

8.4.2.6 Musterlösung: Präsentationsfolien

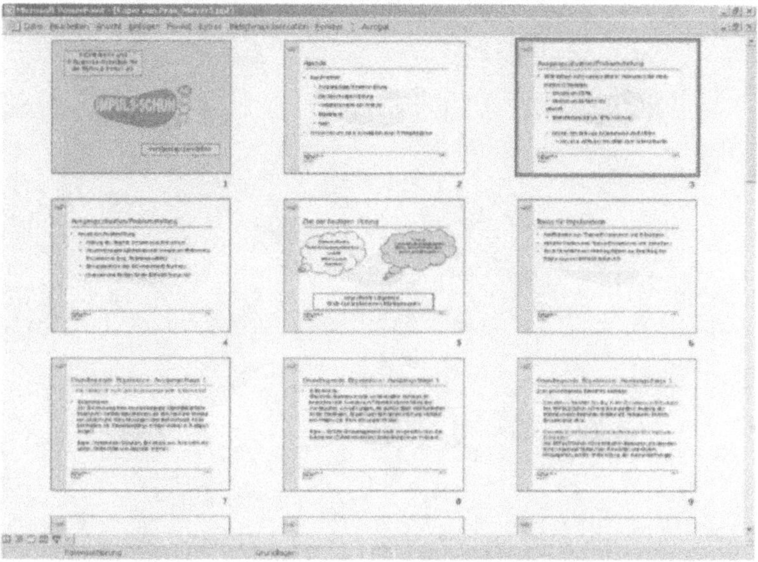

Peter Lang · Europäischer Verlag der Wissenschaften

Frank Arnold

Computerbasierte Lernumgebungen zur Unterstützung selbstgesteuerter Lernprozesse

Eine objektorientierte Modellierung mit der Unified Modeling Language (UML)

Frankfurt am Main, Berlin, Bern, Bruxelles, New York, Oxford, Wien, 2004.
297 S., 74 Abb., 10 Tab.
Konzepte des Lehrens und Lernens.
Herausgegeben von K. Breuer, G. Tulodziecki und K. Beck. Bd. 9
ISBN 3-631-51848-X · br. € 51.50*

Neue Formen der Aus- und Weiterbildung prägen derzeit die öffentliche und universitäre Diskussion. Die kurzen Halbwertzeiten des Wissens stellen die betriebliche Aus- und Weiterbildung vor die große Herausforderung, Wissen in immer geringeren Zeitabständen ergänzen und vertiefen zu müssen. Der Leitgedanke des *lebenslangen Lernens* steht bei Konzepten der betrieblichen Aus- und Weiterbildung immer stärker im Vordergrund. Im Kontext von Lehren und Lernen mit neuen Medien stellt die Förderung des selbstgesteuerten Lernens ein zentrales Forschungsgebiet dar. Die entwickelten Anforderungen an *Computerbasierte Lernumgebungen zur Unterstützung selbstgesteuerter Lernprozesse* sollen einen Beitrag zur wissenschaftlichen Forschung im Bereich computerbasierter Lernumgebungen leisten.

Aus dem Inhalt: Rahmenbedingungen computerbasierten selbstgesteuerten Lernens · Fachliche und organisatorische Anforderungen computerbasierten selbstgesteuerten Lernens · Prozess des computerbasierten selbstgesteuerten Lernens